本书获

2016 年贵州省出版传媒事业发展专项资金资助

周文辉 著

大学生创业训练营

贵州出版集团
贵州人民出版社

图书在版编目（CIP）数据

大学生创业特训营 / 周文辉著. -- 贵阳：贵州人民出版社，
2017.10

（蜂巢创业丛书）

ISBN 978-7-221-14397-6

Ⅰ.①大… Ⅱ.①周… Ⅲ.①大学生－创业 Ⅳ.①G647.38

中国版本图书馆CIP数据核字(2017)第254689号

大学生创业特训营
周文辉 著

出版人	苏 桦
总策划	陈继光
选题策划	大鱼文化
责任编辑	陈继光 胡 洋
特约编辑	刘 慧
封面设计	米 籽
出版发行	贵州人民出版社（贵阳市观山湖区会展东路SOHO办公区A座 邮编：550081）
印 刷	长沙鸿发印务实业有限公司（长沙黄花工业园三号 邮编410137）
开 本	880×1230毫米 1/16
字 数	212千字
印 张	15
版 次	2017年11月第1版
印 次	2017年11月第1次印刷
书 号	ISBN 978-7-221-14397-6
定 价	30.00元

版权所有 盗版必究．举报电话：策划部0851-86828640
本书如有印装问题，请与印刷厂联系调换。联系电话：0731-82755298

周文辉
教授、博士生导师

中南大学商学院管理案例研究中心主任，中国MBA管理案例外审专家，湖南省深化改革领导小组管理创新案例评审专家，长沙创新创业研究院院长，蜂巢创业系统创始人。中西合璧的营销战略与创业管理专家，市场征战10年，管理咨询与培训8年。

为MBA、EMBA与EDP主讲《营销管理》与《创业管理》课程，深度研发了《商业模式创新》、《互联网营销"五化"模型》、《创业融资路演》、《创业三部曲：从创意、创新到创业》与《蜂巢创业》培训课程。曾多次带领团队"以准巧快狠创造以小搏大的营销奇迹"，被权威机构与媒体推评为"10大金牌讲师"，获得2015年度高等教育学会优秀创业指导教师，中南大学MBA优秀教学奖，中南大学世纪海翔优秀教师奖，中南大学创新创业优秀指导教师奖，湖南省第三届MBA案例大赛优秀指导教师奖，"比亚迪杯"2016年长沙市科技创新创业大赛获评最具眼光的投资人奖。"小米如何创造价值？"获得中国第5届中国MBA百优案例奖，"芬尼克兹：内部创业如何激活组织活力？"获得第7届中国MBA百优案例，"从罗辑思维到'得到'：知识分享平台的精益创业之路"获得第8届中国MBA百优案例；5篇案例进入中国管理案例共享中心。

国家社会科学基金课题《中小微企业公共服务平台生态系统构建研究》负责人。湖南省科技厅创新领军人才评选专家，湖南省经信委创业平台项目评审专家，湖南省烟草专卖局科技项目评审专家，中山大学、上海交大、湖南省国资委、湖南省经信委《商业模式创新》课程特邀教授、湖南经视"经济观察"智库专家，长沙市经信委智库，长沙市咨询业协会特邀专家，湖南省中小企业管理咨询联盟顾问。

出版专著《营销战略管理》、《突破瓶颈》、《大客户营销》、《大客户忠诚战略：伙伴关系营销》、《蜂巢创业：互联网商业模式》。

曾担任两家实业公司的营销副总，两家管理咨询公司的董事、项目总监和培训总监。

应邀为三一重工、中联重科、山河智能、科力远、远大空调、梦洁家纺等200多家公司提供管理咨询与培训服务！

现致力于蜂巢创业的研究与推广，蜂巢创业是以生物逻辑建立起来的创业平台生态圈，它作为开放式创业平台，借助网络空间与物理空间，赋能给创业型人才与粉丝型用户，通过价值共创与价值共享，实现员工绽放、用户奔放与老板解放。它没有强制性的中心控制、业务单元高度自治、高度连接与高度协作，它能极大地激发个体潜能与组织活力，形成一个具有高适应性的自组织网络。

导读

恭喜你！

亲爱的读者，如果你无意中被《大学生创业训练营》这本书的名字所吸引，怀着好奇的心理随手拿起这本书，打开第一页，请先接受我对你的祝福：你的成功人生从此开始！

众多成功人士都曾是卑微的种子，每个孩子都是稀世珍品，打败数亿"精子"对手才降临人世。我们有理由相信：只要你用心经营好自己这块天降之才，就一定能成就精彩人生！

书中是否有"黄金屋"，还是有"颜如玉"？

关键看你怎么读这本书！严格来说，这本书不是用来读的，而是用来"炼"的，百炼才能成钢！

为什么要设计"导读"环节，就是希望找对人、说对话、做对事。

要成为抢手货，必须具备三大特征：一是有价值的；二是稀缺的；三是紧俏的。

这本书写给谁看？

市面上的书实在太多，不是所有的书都值得你去读。这本书也不是写给所有人看的。哪些人读这本书会受益最大？作者在构思本书时，心中想要服务的消费者——很想成就自己精彩的人生却又处于困惑迷茫之中的人。具体来说，包括三种人：

一是所有在读大学生。尤其是大一新生，如果从入学开始就考虑如何经营自己的大学生活，就极有可能赢在起跑线。我的观点是——创业的想法从入学开始，一步领先，就可能步步领先。因为当同学们在以谈恋爱、泡网吧、打牌等方式打发无聊空虚时光时，你在为培植自己的创业能力做投资。当然，如果你已经浪费了太多的大学时光，眼看就到毕业之际，临阵磨枪是有一点晚。不过，如果大三、大四学生能读到这本书，能严格按照书中所设计的思路和方法加以修炼，也有效。如果愿意参加我们举办的魔鬼训练营，当然就更能帮你快速脱胎换骨。

二是创业不理想者。大学毕业后，勉强找到了一份工作，不仅收入有些入不敷出，而且自己对这份工作也提不起兴趣，更无法发挥自己的天赋，整天在应付着工作，找不到快乐，也看不到前途。

三是想提升自身价值者。为什么同样是工作8小时，你与别人的收入差距就那么大呢？我们在企业里也会产生一系列疑问：销售经理拿的钱为什么比副总还多？研发人员为什么都很牛？经理因为是劳心者就能治人？

罗曼·罗兰说："累累的创伤，便是生命给予我们的最好的东西，因为在每个创伤上面，都标志着前进的一步。"创伤不可怕，只要能朝着自己的目标不断迈进，只要是干自己喜欢的事，只要能发挥自己的天赋和长处。

为什么写这本书？

很多父母节衣缩食供子女读大学，好不容易大学毕业了，却找不到工作，不仅养不活自己，更别说孝敬爹妈；很多年轻人参加工作多年，不停地跳槽，一直干得不如意。然而，直接触动我下决心写这本书的导火线是一封来自学生的邮件，下面是邮件的原文：

周老师：

您好！请原谅我直到现在才主动和您联系谈论这件事情。首先，我谢谢您让我这几天思考了自己大学四年的学习生活。

在您没讲之前，我一直都处在因为大学学习生活即将结束，马上就可以工作的莫名兴奋中，每天除了写论文就是和室友看最新的电视剧、电影，一天天地颓废着却毫无知觉。

从您那天和我说试着讲讲大学生活开始到现在，是我这个学期过得最内疚、最痛苦的日子。仔细地过滤着大学四年的生活，我的懊悔就一点点地加重，学习、工作都离自己曾经的设想差得太远太远，甚至于自己曾经的好习惯也变得越来越模糊。

睡不着的时候我也安慰自己，不要和杨晨比，不要和别人比，就算我平庸，也有平庸的亮点。可是我发现这只是一个借口，因为我连自己都无法说服，那么多的时间、那么多的精力，就那样被我挥霍了。而我却浑然不知，一直沉浸在电视的剧情之中傻笑！

周老师，您的电话真的是当头一棒，把我从梦中敲醒。如果没有您这一棒，我可能会继续沉迷下去，再去幻想工作的种种，等工作结束的时候，依旧忘记了曾经的目标是什么。

看着大学四年的挥霍，我真的没有勇气主动给您打电话。（手机前两天在食堂被偷了）如果真有什么给学弟学妹讲的，希望他们从现在开始就做一份简历。每半年更新一次，看看自己可以添加多少实习经验、社团活动、学习技能和优秀成绩。只要每半年能在每一项增加一个，那么大学生活结束的时候应该可以不用像我一样懊悔了。

老师，如果您还是觉得我可以去讲，我的经历或许能让他们少走一些弯路，那我明天就去。

此致

敬礼！

学生：李小巧

小巧信中所反映的情况不是个别现象，很多大学生在大学期间没有明确的奋斗目标，没有完成认识自己和了解社会的任务，更没有充分实践锻炼自己适应市场的能力，不知不觉中就度过了美好的大学时光，"混日子"的人不在少数。我必须为改变这种现状做点什么，偶然看到《告别甘地》一书，书中说："甘地的影响并非流于形式，它不是表现在人人都大谈特谈自己的理想，这种影响是默默的，在沉默中宣布它的存在。印度诗人尼尔玛·维尔玛在他的日记中写道：每当我想到甘地，首先映在眼前的是怎样一副画面呢？是火焰：黑暗中的光明，不为自己索求任何空间，微弱却不颤抖，沉静却非常清醒，虽然在燃烧，却如此安详，以至于没有人察觉它在燃烧。"正是因为有了一种责任感驱使，虽然我以前长期服务于公司老板，充当他们的顾问，忙着做管理咨询和营销培训，但我现在却舍弃商业路径，做点带半公益性质的教育事业，我享受着写作过程。

如何读这本书？

1. 学以致用永远是读书的第一法则。书的价值不在于读，而在于用。知识不用，等于没用。

2. 百炼成钢打造自己的创业能力。知识本身没有力量，只有反复多次地练习与运用知识，才能在解决实际问题的过程中将知识转化为力量。

3. 写作的思路可以指导你的阅读顺序。本书的写作思路是：全书共分四个赛季，第一赛季是分析篇——了解市场和认识自己，这是打造创业能力的前提；第二赛季是策划篇——创业定位和目标分解，这是打造创业能力的基础；第三赛季是训练篇——外练筋骨皮，包括胆大心细脸皮厚、沟通地图和商务礼仪；第四赛季是训练篇——内练精气神，包括情商、执行力和核心专长。

差异优势

与市面上很多书不同的是，本书并没有教你怎么应对面试、如何包装自己的简历，这些外在技巧性的东西有一定的实用价值。《大学生创业特训营》的特色在于，教你在充分了解市场需求和认识自我的前提下，对自己的创业定位和目标设定做一个科学的设计，在此基础上，持之以恒地训练自己的基本功、创业能力和核心能力，从而让你笑傲江湖。

我们一生中所犯的最大的错误，就是一直认为我们是在为别人工作，而不是在为自己工作！事实上，我们才是最后决定我们薪水的真正的老板！

把自己看成自己的老板，对自己的工作、公司、客户、产品、服务、利润、成本和我们做的任何事情，都表现出主人的态度，对发生在自己周围的一切担负起完全的责任！对工作、产品、服务等100%的投入！

成功是一种习惯！心态、知识和技能是培训的三大重点，然而，这几年培训经验告诉我，培训的时候激动，回去不动，最后没用。如何让培训成为生产力呢？关键在于把心态、知识和技能的培训转化为习惯，而形成一个好习惯至少需要坚持21天。

引子
鬼谷子出山

话说鬼谷子隐姓埋名，隐居清溪之鬼谷，常入云梦山采药修道，本想一生带几个得意门生，传承数十年修炼而成的文武功夫，足以告慰平生。哪知弟子苏秦与张仪下山后学以致用，成了闻名职场的明星创业教练，而另两位学生——孙膑与庞涓学成后征战市场多年，在营销界成就了极高的声誉。

结果呢，因学生的成就而闻名的鬼谷子真可谓树欲静而风不止，宁静的生活被彻底打破了。电视台邀请其做节目的嘉宾，杂志请其开专栏，报纸则约其做专访，新浪等网络媒体则邀其与众网友和粉丝互动。慕名而来的家长和学生更是络绎不绝，有老板则嗅到其中的巨大商机，学刘备三顾茅庐，还是应了那句老话："精诚所至，金石为开。"归隐山林的鬼谷子被迫离开清静无为的隐居地，出任鬼谷子商学院院长。

鬼谷子新传的故事就从这里开始了。

序言一
从历史看谋士的成功之道

纵观中外古今的历史，世界上只有两种人：一种人是做领导者的，属于自用之才，如刘邦、朱元璋、毛泽东；一种人是做追随者的，属于被用之才，如张良、刘伯温、周恩来。

按今天的话来说，带头创业成就大业的企业家终究是少数，大多数年轻的大学生和研究生的选择则是选对人、跟对人，然后一心一意辅助明主，共同打天下，成就一番个人不能成就的事业。

从历史人物的成长轨迹来看，我们试图用今天的眼光来审视并找出其中的规律，让今天的年轻大学生们能更好地营销自己，成就人生的精彩。

从历史看谋士的成功之道，我们总结出其中的成长规律，以后将逐一向诸位看官一一揭晓。

1. 自知者明。我们先要清楚地了解自己的兴趣、天赋、特长、性格和志向，以确定自己适合走一条什么样的道路，以规划好自己的人生。

2. 找对老师学功夫。李斯为了实现理想，辞去小吏，到齐国求学，拜荀卿为师。荀卿是当时著名的儒学大师，他不像孟子那样墨守成规，而是从当时的政治形势出发，对孔子的儒学进行了改良和创新，很适合老板的需要。荀子思想接近法家的主张，是研究如何治理国家的学问——"帝王之术"。李斯勤学苦练，从实用、实战和实效出发，练好内功。

3. 先谋后动，慎重选择。李斯学完后，反复思考应该到哪个地方才能显露才干。经过对各国情况的分析和比较，他认为楚王无所作为，其他各国也在走下坡路，于是决定到秦国去。临行前，荀卿问李斯为什么要到秦国去，李斯说："干事业都有一个时机问题，现在各国都在争雄，这正是立功成名的好机会。秦国雄心勃勃，想奋力一统天下，到那里可以大干一场。人生在世，卑贱是最大的耻辱，穷困是莫大的悲哀。一个人总处于卑贱穷困的地位，那是会令人讥笑的。不爱名利，无所作为，并不是读书人的想法。所以，我要到秦国去。"李斯告别了老师，到秦国去实现自己的梦想。

4. 寻找跳板。如何才能接近明主呢？明主位高权重，小人物很难一下子就获取机会。切入口在于先设法向明主的得力亲信营销自己，以低姿态进入，不要计较报酬和工作，只要有接近得力干将的机会就可以。李斯到了秦国后，成了吕不韦的门客，并很快就得到秦相吕不韦的器重。

5. 跟对明主。良禽择木而栖，贤臣择主而事。李斯当上了秦国的小官，有了接近秦王的机会。

6. 替老板出谋划策。一次，李斯对秦王说："凡是干成事业的人，都必须要抓住时机。过去秦穆公虽然很强，但他仍未能完成统一大业，原因是时机还不成熟。自秦孝公以来，周天子力量衰落下来，各诸侯国之间连年战争，秦国才趁机强大起来。现在秦国力量强大，大王贤德，消灭六国如同扫除灶上的灰尘那样容易，现在是完成帝业、统一天下的最好时机，千万不能错过。"李斯的见解是正确的，他也得到了秦王的赏识，因而被提拔为长吏。李斯劝秦王派人持金玉去各国收买、贿赂、离间六国的君臣，果然也收到了效果，后又被封为客卿。

序言二
选择比努力更重要

把自己当千里马,等着伯乐来赏识?有很多人怀才不遇,抱怨世道不公。

以史为镜,可以明智。如果你不属于自创天下的主,你就得把自己训练成贤臣和能臣,"贤臣择主而事"。

刘邦的重要谋臣之一陈平素有大志,年少时,正逢社祭,人们推举陈平为社庙里的社宰,主持祭社神,为大家分肉。陈平把肉一块块分得十分均匀。父老乡亲纷纷赞扬他:"陈平这孩子分祭肉,分得真好,太称职了!"陈平却感慨地说:"假使我陈平能有机会治理天下,也能像分肉一样恰当称职。"

公元前209年,陈胜在大泽乡起义,并立魏咎为魏王。陈平先应聘到魏王处打工,后又转投项羽手下做谋士。陈平得不到项羽的重视,郁郁不得志。后来他在鸿门宴上见到了刘邦,认为刘邦将来必成大器。

从陈平的这段成长历史看,有几点值得我们借鉴:

1. 要碰到明主是一件不容易的事。陈平经过两次跳槽才遇到值得托付一生的老板,能成就大业的企业家终究是极少数,不仅老板要有识人的慧眼,作为创业者也要有发现市场的眼光啊。

2. 试错也是一种有效的办法。当你不知道产品的消费人群,只有先进入市场,才能知道这个人群是否符合你的产品定位。

3. 拥有好的创业团队比薪水更重要。如果你现在的团队有明显的局限性,不要恋战,速战速决,别浪费你宝贵的时间,创业者也是吃青春饭的。

4. 在投奔明主前要练就真功夫。既然是显山露水的明主,他择人的条件就高，你能否入他的法眼，得有让他看得上的真本领。

5. 分析比较谁是真正值得合作的人。你想进入哪个行业？这个行业在中国哪个地区具有比较优势？这个行业里哪家公司你最看好？这家公司的当家人有何特别之处？

目 录
-Contents-

/001 第一赛季 分析

/002 第1课 市场是个啥玩意？

大学毕业生创业率不高，不是因为市场不需要，而是学校制造的"产品"太过于同质化。大学生没有特别的稀缺价值，导致用人单位在"货比三家"时把你过滤掉了。

/020 第2课 你了解自己吗？

借助科学的方法，对自己进行全方位的测试，以全面准确地了解自己在思维、人格特质、性格、兴趣、天赋、创业倾向与心理类型等方面的特性，这是让自己成为创业市场上的"抢手货"的关键前提，也是创业能力打造计划的第一步。

/045 第二赛季 策划

/046 第3课 创业定位三部曲

创业定位分三步走：第一步是找到创业爱好——爱一行，干一行；第二步是发挥自身天赋——让兔子去跑，不教猪唱歌；第三步是培植核心能力——一招鲜，吃遍天。

/063 第4课 唐僧凭什么带团队？

"看见10只兔子，你到底抓哪一只？"

哈佛大学持续25年的研究成果显示，那些3%的人25年来几乎都不曾更改过自己的人生目标。他们都朝着同一个方向不懈地努力，几乎都成了社会各界的顶尖成功人士。那些10%的人大都生活在社会的中上层。他们的共同特点是，那些短期目标不断被实现，生活状态稳步上升，成为各行各业的不可或缺的专业人士。如医生、律师、工程师、高级经理等。那些60%的人几乎都生活在社会的中下层，他们能安稳地生活与工作，但都没有什么特别的成绩。那些27%的人几乎都生活在社会的底层，生活都过得不如意。

/082 第三赛季 训练Ⅰ：外练筋骨皮

/083 第5课 鲜花为啥插在牛粪上？

答案是"胆大、心细、脸皮厚"七字真经；真正的胆识是有智慧的、有担当的、有正义感的，这样才是真正且成熟的胆识；要做到心细，你首先得有爱心；其次你得做好功课。善于察言观色，才能投其所好。要攻心，先要知心。脸皮厚其实是良好心理素质的代名词。正确认识挫折和失败，有不折不挠的勇气。

/106 第6课 拍马屁是门学问

在酒足饭饱后，国王问大臣："世界上什么最难？"大臣回答："世界上说话最难。"说话容易，但是要把话说到位，非常困难。公司招聘员工时，你的说话水平的高低直接影响你能否被录用。对牛弹琴不是牛的错；拍马屁也是门学问；懂得问，学会听，会赞扬。沟通地图让你轻松驾驭复杂的人际关系。东——提问，南——倾听，西——欣赏，北——建议。

/144 第7课 30秒征服客户

你永远只有一次机会制造第一印象，如何给对方留下良好的第一印象？微笑是最好的名片，有亲和力的微笑是需要刻意训练的；让幽默充当精神的"按摩师"，工作将充满欢笑，生活将更富于乐趣，而且幽默让生命长久！你绝对可以拥有迷人的微笑和幽默，只是需要按照正确的方法持之以恒加以训练。

目 录
-Contents-

/161 第四赛季 训练 II：内练精气神

/162 第 8 课 做一个调情高手

在一份针对数百家大公司所做的研究中发现，导致职场成功的关键因素中，EQ 至少是 IQ 的两倍，在组织中职位越高，EQ 的影响就越显著。无论在哪个领域，要想在职场上平步青云，首要任务是拥有良好的 EQ。全世界都流行一句话："智商（IQ）决定录用，情商（EQ）决定提升。"成功和幸福 80% 取决于 EQ，20% 取决于 IQ。EQ 高的人在情场上如鱼得水，在商场上左右逢源。

/183 第 9 课 执行力就是能力

执行力强的人最受企业欢迎，当然提拔也是最快的。
你是主动要求承担更多的责任，还是设法推卸应该承担的责任？你是食草动物，还是食肉动物？"有十个完美的设想，不如有一个不完善的执行"；"喊着口号原地踏步，不如曲折地向前移动"。执行力就是言必行、行必果，是具体实质地把计划转化为行动。

/202 第 10 课 练就一手绝活

简单的动作练到极致就是绝招。绝活就是你的核心能力，核心能力的培养要在爱好、天赋和市场岗位需求三者之间找结合点。一旦找准这个结合点后，就要以"十年磨一剑"的长期心态，不受外界的其他诱惑，每天坚持在这个选准的细分领域里积累与耕耘，就一定能练就闯荡"江湖"的绝活。

第一赛季

First season

分析

第❶课
市场是个啥玩意？
SHICHANGSHIGE SHAWANYI

学生们万般期待着院长鬼谷子亲自给大家上第一堂课。

作为鬼谷子商学院的第一批大学生，鬼谷子坚持限招 50 人。老板虽然有些不情愿，但事先谈好，办学决策权归学院，董事会不能随意干涉。鬼谷子认为，师父带徒弟式手工作坊模式要转变成批量生产，必须通过小试、中试和大试，待模式、课程和师资成熟后，才能进入批量制造阶段。毕竟是"十年树木，百年树人"啊！老板也是一个热爱教育的企业家，因为痛恨当今大学教育的种种弊端，才投入巨资立志创办中国的"哈佛大学"，所以就同意了鬼谷子的要求。

鬼谷子其貌不扬，头顶都有些秃了，同学们以貌取人，心中有些许失望，难道这就是传说中的鬼谷子先生？不会是老板为了"扯大旗做虎皮"，糊弄大家请过来的"山寨版"吧。

正在疑惑间，这个"聪明绝顶"的家伙用犀利的目光扫视了全场，然后不慌不忙地从袋子里拿出一只大公鸡。

台下的学生全都愣住了，不知道鬼谷子要干什么。只见鬼谷子又从容不迫地掏出一把米放在桌上，然后按住公鸡的头，强迫它吃米。可是大公鸡只叫不吃，怎么才能让公鸡吃米呢？他掰开鸡的嘴，把米硬往鸡的嘴里塞。大公鸡拼命挣扎，还是不肯吃。鬼谷子轻轻地松开手，把鸡放在桌子上，自己后退几步，大公鸡就自己吃起米来了。这时，鬼谷子开始演讲："教育就像喂鸡一样。老师强迫学生去学习，把知识硬灌给他，学生是不情愿学的。过了多久，他还是会把知识还给老师。但是如果让他自由地学习，充分发挥他的主观能动性，那效果一定会好得多。"

台下一时间欢声雷动，为鬼院长形象的开场白叫好。

鬼谷子不愧为大师级的教育家，他通过喂鸡这个生活中常见的行为，形象生动地向学生展示了一个很抽象的道理：有效的教育要注重发挥学生学习的主观能动性。

同学们一下子就被这种趣味的开场白所吸引，学习的兴趣大增，先前的怀疑一扫而光。

"创业难，到底难在哪里？"破冰活动的效果达到后，鬼谷子直奔主题，说出了大学生最为关注的创业问题。

鬼老师要大家分组讨论。

"都是扩招惹的祸。"一个叫孙膑的同学大声说道。

有点面腆、长得很清秀的张良同学站起来发表不同的观点："我认为是大学的专业设置不合理。"

"同学们读大学只是练功的过程，迟早要下山闯荡'江湖'，现在的江湖就是充满竞争的商业世界，也就是我们常说的创业市场。"鬼谷子开始引导大家的思考方向。

学生们，尤其是男学生对德高望重的鬼谷子用"江湖"二字来形容市场感到很亲切，一下子拉近了90后学生的心理距离。

"创业要从入学开始考虑。"鬼谷子提高了嗓门，有意加重了语气。

高中老师说只要我们顺利考上大学，读大学就是过神仙日子，怎么一入学就要我们承受残酷的创业压力？到底是高中老师骗我们拼命应考，还是大学老师故意来个下马威吓唬我们？不少同学在心里面开始嘀咕。

"所以，同学们必须尽快了解市场的需求是什么？市场经济最本质的特征是竞争，营销就是解决竞争问题的一门学问。"鬼谷子用不容置疑的口气说道。

打开一张PPT，展现在同学们眼前的是一张统计图表。

"为何热门专业反而失业人数最多？失业人数最多的为什么反而是热门专业？"鬼谷子目光如炬，用富有磁性的男中音提出了一个让大家难以理解的问题。要知道无论是老师，还是家长，当然包括学生本人都不由自主地选择热门专业报考志愿。接着，鬼谷子给大家展示了一份统计资料：

毕业半年后失业量最多的十个本科专业失业人数为10.76万人，占了本科失业人数的35.9%，其中有八个专业同时也是2007届失业最多的：法学、计算机科学与技术、英语、国际经济与贸易、工商管理、汉语言文学、电子信息工程、会计学。

毕业半年后失业量最多的十个高职高专专业失业人数为14.69万人，占了高职高专失业人数的34.2%。其中有七个专业同时也是2007届失业最多的：计算机应用技术、机电一体化技术、电子商务、会计电算化、物流管理、计算机网络技术、商务英语。

"以上失业人数最多的专业恰恰都是大家心目中最热门的专业，学生和家长在选择志愿时，选择专业是按热门还是冷门来选？其实，热门和冷门不是选择专业的关键指标。那么，什么才是选择专业的关键指标呢？"

"听从内心的召唤。在回答你的问题之前，我先问你一个问题：从小到大，从学习到生活，做什么事情是让你最来劲的？"

"读大学不能闭门造车，必须深刻了解市场。市场是什么？市场需要什么样的人才？对此绝大多数同学缺少基本的感性认识和理性认识，这导致大学读得非常盲目和茫然。我们试着从市场经济的五大要素——价值、客户、竞争、公司与老板入手与大家一起来揭开市场这只'看不见的手'的真面目。"

"市场经济是个什么玩意？"鬼谷子说话也很潮，学着时尚的网络语言向学生提问。

他没有直接给答案，但同学们已经知道鬼谷子的套路，Know-What 之类的知识得自己去找。

反应快的同学已经从网上找到答案并大声朗读起来："市场经济要求平等的市场主体按照等价交换的原则，通过公平竞争，从市场取得和向市场提供商品，促进整个市场合理流动，实现资源合理配置。市场经济的要求决定了市场主体必须拥有明晰界定的财产权，而且必须是独立的、平等的。"

"圈地运动"就是圈"价值"

"大家知道历史上的圈地运动是怎么发生的吗？"鬼谷子习惯运用启发式教学。

同学们睁大两只眼睛看着老师，他们习惯于老师提供现成的答案。

鬼谷子望着大家，好像没有想要马上给答案的意思。

"这种 Know-What 知识，不需老师提供答案，你们自己就可以高效获得。"

悟性高的同学明白了老师的用心，马上"百度一下"查找关键词"圈地运动"，几秒钟在"百度百科"中就出现了详细的介绍。

1492 年哥伦布（Cristoforo Colombo，约 1451—1506）到达美洲，欧洲列强开始在全球范围内进行大规模的殖民侵略活动，世界市场急剧扩大，刺激英国工场手工业迅速发展起来，大量农田被强行改为牧场，大量农民被迫离土离乡，进入手工业工场，充当雇佣工人，史称"圈地运动"（Enclosure Movement），又名"羊吃人运动"。

"你们认为圈地运动的本质是什么？"

这是"Know-How 的知识"，把同学们给问住了。中国学生习惯于老师给答案，不习惯自己去求得答案，一时间教室陷入难得的安静之中。

圈地运动的本质在于对稀缺生产要素的争夺，谁拥有了稀缺的生产要素，谁就是老板，谁就可以号令其他要素为其所用。如今在中国市场上发生的"圈钱运动""圈技术"和"圈才运动"都是圈地运动的现代变异，本质上都是对重要的稀缺生产要素的争夺与占有。

老师就是老师，同学们看到的只是现象，老师却能透过现象看见事物的本质。

"如果你能成为人才市场上具有稀缺价值的资源，也就是说，你拥有了核心能力，你面临的问题就不再是到处找工作，而是很多工作会找上你，你难以取舍的问题。"

好家伙！大家要的就是这个效果，很多同学是不顾爹妈的反对，执意要选择读尚在初创中的鬼谷子商学院，冒着很大的风险来参与这个中国有史以来最大的教育改革项目。那么，如果真能打造出自身的核心创业能力，未来的钱途和前途就都有保证？

对各个大学来说，之所以会出现大学毕业生创业率不高，不是因为市场不需要，而是学校制造的"产品"太过于同质化。大学生没有特别的稀缺价值，导致用人单位在"货比三家"时把你过滤掉了。

鬼谷子再一次亮出了自己另类的观点，虽然有点无情，却句句在理。

"等价交换"的考验

"同学们，上午好！"

"好！很好！非常好！我们的明天会更好！"大家开始运用老师上一节课所教的上课礼仪了。

鬼谷子开始跟同学们分享一个前不久发生的真实故事。

我在国家中小企业银河培训工程"市场营销"培训班中认识了一个来自浙江的学员，他在湘潭九华开发区创办了一家高科技公司。我告诉他我正在创办一所创业训练机构，定位于"大学的实训基地，公司的人才工厂"。他很欣赏我正在做的事业，并跟我分享了一个前不久发生的故事：由于业务的快速发展，他面向重点大学招聘应届大学毕业生。

他问应聘的大学生："你对薪水的期望是多少？"

大学生回答："至少要 3000 元／月。"

他反问道："你凭什么要 3000 元／月？"

大学生表情有些不悦："凭我所学的知识和重点大学的文凭。"

他故意刺激那个大学生："知识和文凭能否创造高于 3000 元的价值，还有待时间的检验。"

大学生有点不服气："那您得给一个证明我值这个钱的机会。"

于是，他与这位学生达成一个口头协议，让这位学生开始在公司的销售部实习。

结果这位"秀才"书生气十足，除了说起来一套一套的理论之外，连商务礼仪、电话沟通、人际交往、团队协作和时间管理等都缺乏基本的素养，大学生自己也感叹："大学里学的 90% 都用不上，用得上的都没学。"老板也感叹道："你不能创造一分钱价值，还要我花很大的力气培训你，应该是你要付培训费给我，这才符合市场经济的等价交换原则啊。"

"我又不是商品，我不跟你交换，你这是侮辱我的人格。"这位自恃有才的大学生显然非常生气……

"同学们，从这个故事中你们看出了什么门道？"

外行看热闹，内行看门道。鬼谷子好像很喜欢要学生看出门道，而能看出门道的学生实在是少之又少。

公司在资源市场（包括劳动力、原材料和贷款等）购买各种资源，员工通过工作把它们转变为产品和服务，再将其销售给客户，员工通过出售自己的劳力和智力，然后得到工资和奖金。下一道工序是你的用户，每一个员工都有自己要服务的客户，他可能是内部客户，也可能是外部客户，或两者都有。如果你的工作不能给客户创造价值，那么你虽然工作了，却没有创造价值，你做的就是无效劳动，而且还消耗了资源，不仅得不到工资和奖金，而且你还得支付企业培训的费用。

你得接受"等价交换"原理的考验，你的付出所创造的价值一定得大于你所得到的回报。在创业过程中，要求工作一步到位是不现实的，大学毕业生更多的时候是在作为青苗被选择，能够展现给用人单位的资本只有学过的知识和未来的潜质，从投资回报的价值来看，在相当长的一段时间内都是"负资产"，用人单位肯定会选择投资风险最小、回报周期最短的毕业生。

你最需要的是能够将知识转化为能力、将潜质转化为业绩的工作机会。

说实在的，同学们听了鬼谷子这番宏论，感觉有点高深，尽管老师已经尽其所能，用最通俗的语言做了诠释，但大多数同学还是有点似懂非懂，或许还停留在一知半解上，也许有待在实战历练中才能体会其中的道理。

适者生存法则

学生一下子接收的知识太多，感觉有点消化不良之时，鬼谷子提出明天不上课，大家欢呼雀跃，以为可以想怎么玩就怎么玩了。哪知，鬼谷子却冷不丁向学生提出一个意想不到的挑战项目——生存训练，不给一分钱，要大家到一个陌生城市体验一天，自己想办法解决吃住行等基本生存问题。也只有鬼谷子才想得出这么一个鬼办法来折磨大家，这些90后的独生子女从来都是饭来张口、衣来伸手，什么事都不需要自己操心，现在倒好，要大家身无分文地去闯天下，很多人真的不敢接受，甚至不理解。幸亏有两个男同学自告奋勇地做开路先锋，否则鬼谷子的计谋险些破产。

下面是开路先锋之一的韩信同学的生存训练日记，我没有做太多的修改，以原汁原味的方式展示其真实性：

2010-1-15 星期五 晴

我吃了晚饭后，七点从宿舍出发，开始了常德之旅。这次对我的考验是非常大的，手机只有一格电了，身上有一张不知道密码的银行卡和身份证，还有七元五角的纸币和两元五角的硬币，这种情况下，我们成功地不花一分钱从长沙火车站来到了常德。此时是02：10，我们两个不知道去哪里，也没有找到买水的地方，坐在公交站牌下写日记，现在口很渴，走不动了，又很饿。在火车上我是人丑八字好，没有被抓到，逃票了，是他没有查到我而已，运气很好，真的！到了常德火车站出口，却被逮住了，我们就溜了，从火车轨道一直走出来，现在在武陵大道，心里很爽，很有成就感。没花钱来到了常德。接下来，挑战更大了，没睡觉的地方，没水喝，很冷的。

我都很佩服我们两个人的，在长沙已经走了两个小时的路，到达常德后从火车站一直走路，没力气了，走不动了，在路上捡到一个袋子，里面有两粒花生，一人一粒，很爽很疲劳。现在是凌晨3点了，真的走不动了，来到网吧每人买了一瓶水喝了，在这儿休息，没有上网，只是坐在这里，休息到可能是早上吧，因为走不动了。

2010-1-16 星期六 阴

早晨6：00从网吧走出来，昨夜在这里坐了一晚上，身上没钱就坐在网吧里睡了。好冷的天气，走到湖南文理学院时是7点多了，好冷好饿，终于在文理学院校外吃了两块钱的早餐。体验才刚刚开始。

很冷很饿，头是晕的。我们一直沿着柳叶大道走，走到了湖南文理学院的后门，从一个破了的围墙口走进去，走到大门口外面吃了早餐，在文理学院转了几圈，想在这儿找份兼职，但学院的宣传栏没有兼职信息。我们一起往步行街走去，我一到那儿就坐在凳子上睡了快一个小时，之后和我的同伴陈平一起去找工作。我们来到一个服装店应聘，但大家不要短工。我埋怨同伴陈平的说话方式，我说我们要讲假话。我们找了十几家，都不要短工，我们就往沅江边去了。来到了常德诗墙，在这边玩了一下，又走到了步行街，找兼职、导购，结果还是不行，没有一个是要短工的。我们已经走不动了，脚很痛，很疲劳，想睡，看见街上人来人往，就觉得自己是个流浪的，很无助。在一个城市，想生存下去不是那么容易的，真的很饿了，还好今天早上在路上捡了一支烟，吸完后精神好了一些。现在真不行了，快12点了，买了两个红薯，然后又来到了沅江边。今天走了一天的路，脚很痛很痛，找了很多餐厅与店铺都不招工，对我们打击很大。我们找到了一个叫津市货记的地方，老板留了我的电话，我是赔着笑脸，讲了好话他才留了号码的，他说考虑一下，我们就走了。接着我们又来到了滨湖公园。

今天我们在沅江边待了3个小时，从12：00到下午3：00，心里很郁闷，不知道该怎样生存下去，食宿怎么解决。我问了一个餐馆，老板开始说不行，没有谁担保，他不敢要外地人。我很郁闷，找了一天没找到工作。在我们绝望的时候，陈平找到了一个酒吧，这里要人，我们一起过去了。当我们聊完之后，老板说只要一个人，我马上说要陈平去。之后我走了，留下陈平在那里做事，这时已经是晚上6点多了，我再次走了一圈后，快7点半了，还没有找到工作，吃了两块钱的东西，然后再次来到了酒吧，找陈平。陈平在这里工作要到凌晨两点才下班。今晚又不知道到哪儿睡，我很郁闷。到陈平快要下班的时候，那老板说要我明天也来上班，试用期一个星期。今天晚上虽然郁闷，但总算有了落脚的地方，一个同事借了被子给我们用……

一个星期的生存训练日记，在后续实战训练课堂中我们再详细披露，这里暂且只露冰山一角，目的是让诸位看官对适者生存有些感性认识——无钱寸步难行，找工作不易，解决自己的吃住真难。

对于"适者生存"这种Know-What知识，鬼谷子没有照本宣读，而是出于同样的考虑，让同学们自己寻找答案。

鬼谷子请一个叫西施的女同学上台，跟大家分享达尔文与适者生存的知识。

达尔文的生物进化论认为，在生存斗争中，具有有利变异的个体，容易在生存斗争中获胜而生存下去。反之，具有不利变异的个体，则容易在生存斗争中失败而死亡。这就是说，凡是生存下来的生物都是适应环境的，而被淘汰的生物都是对环境不适应的，这就是适者生存。达尔文把在生存斗争中，适者生存、不适者被淘汰的过程叫自然选择。

鬼谷子点击了一下鼠标，屏幕上展示了一幅动物世界的画面。

狮子与羚羊的故事

清晨，非洲草原上的羚羊从睡梦中醒来，它知道新的比赛就要开始，对手仍然是跑得最快的狮子，要想活命，就必须在赛跑中获胜。另一方面，狮子思想负担也不轻，假如跑不过最慢的羚羊，命运都是一样，当太阳升起时，为了生存下去最好还是快跑吧！

多么奇妙的事情，强如狮子之强，弱似羚羊之弱，差别不可谓不大，然而在物竞天择的广阔天地里两者面临的，源自求生欲望的压力都是同等的。

"在动物世界里，羚羊最大的对手是谁？"

鬼谷子老师喜欢用提问的方式讲课，这使得同学们没法开小差，怕被他随时喊到自己。不过，客观地说他的课的确讲得精彩，同学们心甘情愿地投入其中。

"是狮子！"有同学高声回答。

"在动物世界里，动物的对手说到底是它自己，它要逃避死亡的追逐，首先就要战胜自己，它必须越跑越快。因为稍一松懈，便会成为他人的战利品，绝无重赛的机会。"

鬼谷子真是人如其名，回答总是出人意料，你永远不知道他的葫芦里装的什么药，永远无法猜测他的下一副牌会怎么打，总是有一点神出鬼没的味道。

"动物最大的敌人是自己，对人类来说何尝不是这样？不管你是总裁还是小职员，为了保住自己的职位，不都要尽心尽责，全力以赴吗？要知道总有人盯着你的职位跃跃欲试，总裁的高位自然热门，不必多说，小职员也不例外，因为公司门外总有不少新人等着进来。这样看来，大家的选择都一样，要么做得更好，要么被淘汰，在新的一天来临时，可不要再拿闹钟出气了，还是对自己说一声'加油吧'。"

鲇鱼效应

才从"狮子与羚羊"的故事中回过神来,鬼谷子又跟大家聊起了"鲇鱼效应"。

西班牙人爱吃沙丁鱼,但沙丁鱼非常娇贵,极不适应离开大海后的环境。当渔民们把刚捕捞上来的沙丁鱼放入鱼槽运回码头后,用不了多久沙丁鱼就会死去。而死掉的沙丁鱼味道不好销量也差,倘若抵港时沙丁鱼还存活着,鱼的卖价就要比死鱼高出若干倍。

为延长沙丁鱼的活命期,渔民想方设法让鱼活着到达港口。后来渔民想出一个法子,将几条沙丁鱼的天敌鲇鱼放在运输容器里。因为鲇鱼是食肉鱼,放进鱼槽后,鲇鱼便会四处游动寻找小鱼吃。

为了躲避天敌的吞食,沙丁鱼自然加速游动,从而保持了旺盛的生命力。如此一来,沙丁鱼就可以一条条活蹦乱跳地回到渔港。

这在经济学上被称作"鲇鱼效应"。

"你是沙丁鱼还是鲇鱼?"具有鬼谷子风格的问题又抛出来。

"当沙丁鱼爱上鲇鱼后,鲇鱼会不会还吃它?"韩信同学的悟性很高,又有点调皮,他也学着老师的方式以提问代替了回答。陈平暗地里佩服他的狡猾,他没有直接回答老师的提问,而是抛了一个难题给老师。

"如果你是鲇鱼,你会不会吃爱上你的沙丁鱼?"鬼谷子好像识破了韩信的挑衅,又把球给抛回来了,让韩信同学感觉只有招架之功,无还手之力。

"爱它就要吃它。"同学们在起哄。

鬼谷子不再理会同学们的打趣,而是换了一副一本正经的脸孔说:"一个公司,如果人员长期固定,就会缺乏活力与新鲜感,容易产生惰性。尤其是一些老员工,工作时间长了就容易厌倦、疲惫、倚老卖老,因此有必要找些外来的'鲇鱼'加入公司,制造一些紧张气氛。当员工们看见自己的位置多了些'创业杀手'时,便会有种紧迫感,知道该加快步伐了,否则就会被 Kill 掉。这样一来,企业自然而然就生机勃勃了。"

鬼谷子沉默了片刻，看着大家认真的表情，心想干脆再加把火，让同学们体会更深一点。

"当压力存在时，为了更好地生存发展下去，惧者必然会比其他人更用功，而越用功，跑得就越快。适当的竞争犹如催化剂，可以最大限度地激发人的潜力。"

"市场经济为什么成为全世界普遍采用的经济制度？"鬼谷子用设问提醒同学们思考。

"因为市场经济的本质是竞争，而竞争的优胜劣汰机制让组织与个人充满活力。"陈平站起来自信地回答。

"好样的！回答非常正确，给陈平同学加10分。"

赚钱是公司的本质

鬼谷子请来了他的得意门生之一张仪来为大家客串演讲《公司是什么？》。已在江湖上扬名立万的张仪自然是同学们心中的偶像。

"商学院的学生出路在哪里？"张仪开门见山，以犀利的问题开头，显然尽得鬼谷子老师的真传。

刚才还是乱哄哄的教室瞬间就安静下来，他的问题点到了大家的软肋。

"要么创立公司，要么在公司上班。现代人大多离不开公司这个平台，公司是我们工作的地方，只有工作才能养家糊口，公司是我们实现理想抱负的平台，创立公司只有少数人，大多数人更适合在公司上班。"

说实在的，大学生们对公司到底是怎么运作的非常陌生，对自己以后在公司怎么上班也是略知一二。

"《杜拉拉升职记》《上班这点事》《职场》，这些职场类的书、电视节目和杂志为什么受欢迎？"没等同学们响应，张仪老师自问自答。

"它们都与一个东西有关，那就是公司，公司就是我们的职场。"

"公司是什么？"

公司是指一般以营利为目的，从事商业经营活动或完成某些目的而成立的组织。根据现行《中华人民共和国公司法》（2005），其主要形式为有限责任公司和股份有限公司。两类公司均为法人（《民法通则》36条），投资者可受到有限责任保护。

公司是一个经济动物，台湾经营之神王永庆说："经营者不能让公司赚钱是一种犯罪行为。"而天底下有两件事最难做：一是把别人的老婆据为己有；二是把别人口袋里的钱据为己有。如果剔除资源垄断和权力垄断带来的赚钱效应之外，你要在高度竞争的市场中赚钱确实不是一件容易的事。梦想发财的人到处都是，市场上教你发财的书超级畅销就是明证。然而，真正能发财的，特别是能发大财的则是少数。我跟很多浙江老板共事过，他们跟创业教练谈条件时，不怕你要高薪水，就怕你不敢要高薪，为啥？老板的账算得很精，你提年薪30万元，可以啊，30万元的年薪，对应相应的业绩目标；你提年薪50万元，对应50万元的业绩目标，你的收入是要靠你自己去创造，公司只是给你提供平台。

你有为公司赚钱的能力，才有为自己争取条件的资格。

一个公司的经营逻辑：第一步你得能持续提供有价值的商品或服务，这其中的关键之处是持续和有价值；第二步你提供的商品或服务要能满足客户需求，否则没人为你埋单；第三步只有在满足客户需求后，你才能获得利润；第四步与利益相关者合理地分享利润，你才能持续提供有价值的商品或服务，以此形成一个良性循环。

每一个员工只有持续提供有价值的商品或服务，以满足客户需求，才能得到应有的工资奖金以及被提拔重用的机会。

一、客户第一

"同学们，今天的营销课分两个环节：上午请大家以两人为一组到百货商场、电信大厅、服装专卖店等营销第一线，近距离去观察、聆听和请教以及争取面对面为客户提供服务，时间从9：00开始，到12：30结束；下午2：00再回到教室，请同学们分享体验的感受。"营销实战专家孙膑老师的课与众不同，营销课还没上，就让同学们走向市场去做门店销售。

胆怯的同学们在老师的"威逼"下，只好硬着头皮走出教室，奔赴战场。

虽然有点疲劳，但大家还是掩饰不住兴奋的神情。回到课堂，孙膑老师开始主持分享会。

"在沃尔玛，有很多为顾客服务的可行的具体措施和操作流程。比如，顾客去那里买东西，发现有什么需要改进的地方，可以直接找超市的服务员谈，甚至你都可以去找超市的店长谈。无论是谁，他都会马上将你的意见记录下来，然后研究，并迅速改进。有个顾客去沃尔玛买东西，带了个小孩子，小孩子调皮，不小心撞到了座椅的边角上，头部受伤。店长走过来了，安慰一番后，对原因进行询问，并详细记录下这个情况。"

"顾客第二次带小孩子去的时候，发现椅子的边角已经用很软的布包起来了，小孩子如果撞上去，不会再受伤了。不仅如此，沃尔玛还在休息室中贴了温馨提示：请照顾好自己的小孩。此外，沃尔玛又由小孩子的思路延伸下去，如果小孩子要吃奶怎么办？后来，设立了一个专门的区域，供妇女喂奶。沃尔玛时刻为顾客着想，也为它赢得了顾客的青睐。"

韩信同学第一个响应老师的号召，率先把上午观察和了解到的信息跟大家做了分享。

"你观察得很细致，非常好！营销里有一句名言：如果你照顾好你的顾客，他们自然会来关照你的生意！"

陈平也不甘落后。

"樊哙是调味品公司的销售人员，但一家连锁餐饮店却迟迟未订购樊哙的调味品。4年来，樊哙每星期都去拜访这家连锁餐饮店的总经理，并经常参加他举行的会议，甚至以客人的身份进入这家饭店。可是无论樊哙采取正面攻势，还是旁敲侧击，这家连锁餐饮店的总经理仍是无动于衷。

"久攻不下，樊哙便改变了策略——让本公司的公关人员调查那家连锁餐饮店总经理对什么最感兴趣。结果樊哙发现，那家连锁餐饮店总经理是饭店协会会员，而且由于他十分热心，还当上了协会会长。

"樊哙再去拜访这位总经理时，便以协会为话题，果然引起了这位总经理的兴趣。他和樊哙谈了两个小时有关协会的事，并一再强调协会给他带来的无穷乐趣，最后还极力邀请樊哙参加协会的下一次活动。

"虽然樊哙在这次长谈中一次都未提及'调味品'这三个字，但几天后，餐饮店采购部便打电话让樊哙送调味品样品和价格表。"

"我的汇报完毕，请老师点评。"

"你收集的案例很有代表性。这真是四年公关无人睬，一席谈话生意成。找准顾客的兴奋点，投其所好，就能马到成功！"孙老师肯定地说。

"市场竞争就是我们与竞争对手争夺客户的芳心。这是我要跟大家分享的第一课，在商业世界里，客户永远是第一位的。"

接下来，孙老师要同学们分组讨论三个问题，等到大家"打"得热火朝天时，他才给出参考答案。

1. 客户是什么？

客户就是掏钱购买我们产品或服务的组织或个人。

2. 客户为什么重要？

没有客户的购买，我们的投入就没有回报，长此以往，公司就会破产。

3. 客户服务有两条法则：

第一条：客户永远是对的；

第二条：如果客户错了，请参考第一条执行。

"从营销角度来看，客户第一；从管理角度来看，员工第一；从战略角度来看，两者各有侧重，相辅相成，不可或缺。"孙老师最后强调。

二、老板最欣赏的员工

鬼谷子教授为得意门生不计较任何报酬，挤出时间来支持他创办的商学院感到欣慰。同学们对孙老师传奇的营销经历充满兴趣，一致要求他跟大家分享：从士兵到将军的成功之道。

孙老师却觉得在恩师面前，不好意思谈自己的成功之道，还是请恩师指点。于是，鬼谷子教授跟同学们介绍起孙膑的成长历程。

孙膑生性腼腆、内向而不喜主动交谈。数十年后的今天，孙膑出席社交场合，他仍不是个滔滔不绝、言辞犀利的人。可他腼腆的另一面，则显示出一个可贵的优点来，那就是诚实。诚实不仅写在他那张稚气未脱的脸上，更体现在他的行为之中。酒楼旅店是"吃货"大户，孙膑攻入一家旅店，一次就销了100多个桶。家庭用户都是散户，一户家庭，通常只用一两个。高级住宅区的家庭，早就使用上铝桶。孙膑来到中下阶层居民区，专找老太太卖桶。他很清楚这点，只要卖出了一个，就等于卖出了一批，因为老太太不上班闲居在家，喜欢串门唠嗑，自然而然成了孙膑的义务推销员。自从孙膑加盟五金厂，五金厂的业务蒸蒸日上，以销促产，产销均步入佳境。老板喜不自禁，在员工面前称孙膑是第一功臣。

"我取得的一点点成绩，都得感谢老师的用心栽培。"孙老师谦虚地说道。

"孙老师能否跟我们分享一下老板到底喜欢什么样的人才吗？"同学们非常期盼得到孙老师的箴言。

在齐威王的眼里，什么样的人才是他最渴望的？对于齐国集团，又需要什么标准的人才？

孙膑作为高级副总裁，他谈到老板齐威王的用人哲学：

"老板跟我有过一段对话，从中你们可以看出一些门道。"

齐威王："齐国需要三种人，分别是好人、明白人和能人。"

孙膑："这是一个人的三种境界。好人就是敬业，要兢兢业业，这是一个企业首先判断要不要一个人的前提；明白人就是创业，是知道所在岗位的职责和要求，了解自己的优势及发展方向，这是个匹配的过程（看自己是不是符合企业的要求）；能人代表专业，实际上是从岗位技能角度考量的，就是明白人在合适的岗位上去做出应有的贡献。"

齐威王："不管是部门缺人手干活，还是有闲人不干活，公司年中年末都要进行绩效评估，评估的核心是业绩，而不是人本身（性格、特点）。"

孙膑："我的工作原则就是：要把好人变成明白人，变成能人，而不是变成糊涂人。"

韩信听了觉得很有道理，心中发誓一定要成为能人，男儿就该志在四方，建功立业。

孙老师停顿了一会儿，加重语气强调道："我的老板齐威王的用人观念很有代表性，作为员工，首先要敬业。"

"老师，毕业后我想进跨国公司，跨国公司的用人标准有何不同？"一个叫王昭君的女同学怯怯地问。

"你想进跨国公司的想法很好！据我所知，跨国公司择人标准有三条：第一条是意愿(Willing)，即指有强烈去做事的意愿；第二条是承诺(Commitment)，指肯负责、勇于承担责任，对结果负责；第三条是能力(Capable)。"孙老师耐心地讲解。

"我在公司做营销顾问时，为办事处主任和大区总监做过三天两晚的集中训练，提出打造一支'高意愿、敢担当、会工具'的营销铁军，得到董事长和高管团队的高度欣赏。分析显示，业绩突出的营销人员都具有'高意愿和敢担当'的特质，这也成为招聘新员工时最关注的素质。"

"同样，我在担任很多知名公司首席顾问期间，绝大多数公司的CEO也极力倡导团队要有高意愿和敢担当的特质，把有高意愿和敢担当的员工作为选拔和重用的对象。"

国内企业与跨国公司在这两点上几乎没有差异。

为什么英雄所见略同？

因为做事的意愿和肯负责的精神与一个人的价值观相联系，而且是多年形成的，无法通过短期的培训发生根本的转变。

你知道大多数老板喜欢给员工团购的书有哪些吗？我给大家列出几本：《把信送给加西亚》《请给我结果》《细节决定成败》《没有任何借口》和《责任胜于能力》。这些书都成为公司老板热衷为团队购买的畅销书，你发现这些书有什么共同的特点了吗?

  不同的标题、不同的角度、不同的作者、不同的形式,传达一个共同的主题:自己想尽办法,克服困难,付出艰辛的努力,在时间、费用和人手有限的情况下实现超过老板期望的绩效目标,让老板省心、放心和开心。

  如果你是这样的员工,哪个老板不喜欢?哪个老板不重用?你所具有的老板心态,正是老板所欣赏的。

第❷课
你了解自己吗？
NILIAOJIE
ZIJIMA

　　这是一个商业的世界，商业世界最本质的特征是各行各业都面临着激烈的竞争。大学生创业难，也是市场需求与有效供给之间的矛盾。

　　"如何在竞争中脱颖而出？"

　　鬼谷子以他特有的方式开门见山地提出问题。

　　"营销你自己之前，首先是要认识自己，而认识自己是最难的。有些人一辈子都不知道自己最适合干什么，就这样碌碌无为过一生，临终时不好意思去见马克思，只好给子孙一个忠告：千万别像我一样糊里糊涂过了一辈子。"鬼谷子半调侃地说道。

　　在上课之前，请你花十分钟的时间思考，并试着回答以下四个问题：

　　我最想干什么？

　　我最能干什么？

　　我最喜欢干什么？

　　我应该干什么？

　　怎么样？好像不是特别清楚，只是有些朦胧的认识。

"了解自己有时是最难的,而了解自己又是最重要的。"鬼谷子加重了语气,他停顿了一下,接着说,"了解自己的兴趣所在,知道自己性格中的优点和缺点,尤其是要了解自己与生俱来的天赋在哪里,并将天赋发挥在最合适的岗位上。"

这正是同学们迷惑不解的地方,而又烦恼不堪的问题。鬼谷子短短的一席话真正说到大家的心窝里去了。

"'天生我材必有用',这句话的前提是'我材'一定要放在适合的位置,'垃圾是放错地方的人才'。"鬼谷子见年轻人听得非常认真,更加来了激情,大手一挥,口中的"圣水"差点喷到第一排同学的脸上,演讲渐入佳境。

鬼谷子教授的演讲收放自如,大家听得如痴如醉。

"借助科学的方法,对自己进行全方位的测试,以全面准确地了解自己在思维、人格特质、性格、兴趣、天赋、创业倾向与心理类型等方面的特性,这是让自己成为创业市场上的'抢手货'的关键前提,也是创业能力打造计划的第一步。"

这位同学适合做营销吗?

"我先跟同学们分享一个发生在最近有关择业的故事。小张是我的一个MBA学生,他在公司从事技术工作,下面是我跟他之间的一次对话。"鬼谷子觉得有关"认知自己"的预热活动火候差不多了,就开始用故事导入,以加深同学们的感性认识。

小张:"我想转型做营销。"

老师:"为什么想到转型做营销?"

小张:"一是干久了,没劲,岗位审美疲劳;二是营销岗位的收入高,在外面很风光,在公司被提拔得很快。"于是想通过读MBA实现创业的转型。

老师:"有风险,要谨慎。你干什么事最来劲?"

沉默。

老师:"半年了,才跟导师联系见面?"

无语。

老师："只有充分体验各种工作，你才能知道自己是否适合做营销？"

小张："没有营销实践的机会。"

老师："对营销人员来说，机会是创造出来的。主动出击是营销人员的特质。"

小张："老师说得对，我就是不会创造机会。"

老师："3月6日，华天大酒店，泊声－中央背景音乐系统全国经销商年会，邀请我去做'渠道管理'的培训，你如果有时间，可以争取去感受一下。"

小张："好的，我一定去学习。"

结果，那天他没去参加，也没有打电话或发短信说明情况。

各位看官，你们觉得这位同学适合做营销吗？为什么？

测试

"为了让大家尽快地对自己有一个基本的认识，下面我们将对各位做一个全方面的测试，请大家务必按自己真实的情况来完成这个测试任务。"鬼谷子一边说，一边要助手给大家发放测试卷。

一、你是哪一种性格类型

个人行为风格检测表

1. 做事情时，我喜欢——

A. 默默耕耘、任劳任怨、尽心尽力，凡事对自己负责；

B. 和伙伴一起工作，享受热闹活泼的工作环境；

C. 有完整翔实的计划，并要求注重细节；

D. 表现出自信和能力，并能够按照自己的想法完成。

2. 当我做事成功时——

A. 我不会到处炫耀，但希望别人都能看得到；

B. 我会主动与人分享，并希望别人能够为我喝彩；

C. 我会做好分析，并做好档案管理，以作为下次的依据；

D. 我会立刻向主管汇报，并期望及时获得回应。

3. 和别人沟通时——

A. 我会很认真倾听，并想办法得到协助；

B. 我会尽量协调，不会坚持己见；

C. 我喜欢提供资料、数据和相关证据来证明自己的观点；

D. 常常觉得自己是个有口才且有说服力的人。

4. 在面对陌生环境时——

A. 当别人主动与我接触时，我会表现出谦虚有礼的态度；

B. 我会主动大方地与他人交往；

C. 即使发生突发状况，我仍然能够保持冷静并严谨观察；

D. 我会选择性地与我想认识的人打交道。

5. 我通常给别人的感觉是一位——

A. 热心公益、乐善好施、具有同情心的人；

B. 活泼开朗、亲和力强、很容易带动气氛的人；

C. 脚踏实地、做事条理分明的人；

D. 积极自信、具有良好表达力的人。

6. 和别人相处时——

A. 我常会因为体谅别人的时间或者困难，而不好意思拒绝别人；

B. 我发现自己在待人接物的过程中，非常善于察言观色；

C. 我喜欢保持客观立场，依法行事，不喜欢套交情；

D. 我发现自己表达的意见很容易引起别人的关注和重视。

7. 面对压力冲突时——
A. 我不会压抑自己，会自然表露自己的真性情；
B. 我会苦中作乐，以化解尴尬；
C. 我会冷静面对，思索解决方案；
D. 我会有挑战的兴奋感。

8. 我常觉得自己是一位——
A. 忠诚可信赖的人；
B. 有弹性且不拘小节的人；
C. 公正客观、实事求是的人；
D. 说做就做、追求时间效率的人。

9. 做事不顺利时，我会觉得——
A. 我常热心帮助别人，却常得到"热脸贴冷屁股"的感觉；
B. 我太在乎别人的意见，而导致没有自己的主见；
C. 我希望能够按照计划执行，而不要变来变去；
D. 我做事太冲动，太急于表达自己的意见。

10. 遇到挫折时，我会——
A. 因无法解释清楚，而以"问心无愧"来自我安慰；
B. 因为听了太多别人的意见，而觉得很难判断；
C. 坚持留在熟悉且稳定的环境中，而不喜欢任意变动；
D. 认为别人觉得我没有耐性，而且有点情绪。

11. 和别人沟通时，有时候我会觉得——

A. 我常因为太相信别人，而受到伤害；

B. 我很认真严肃地表达意见，却总让人觉得我并没有那么认真；

C. 我会让人家感觉到我坚持己见，觉得我是一位没有弹性的人；

D. 我会给工作伙伴留下"说话太直"的印象，给人以压力和威胁的感觉。

12. 在和别人相处时，有时候我发现——

A. 我很容易信任别人，但往往超过别人对我的期待；

B. 就算别人没有邀请我，我也会主动地参加活动；

C. 在人群中我会持谨慎的态度，并和别人保持一定的距离；

D. 为了要让别人了解我的想法，反而给别人以咄咄逼人的感觉。

13. 有时候我给别人的感觉是一位——

A. 就算再忙，还是想把事情做到尽善尽美的人；

B. 有点多话，太过热情和婆婆妈妈的人；

C. 有点小气或太过节俭的人；

D. 勇于挑战，喜欢变化，不轻言放弃的人。

14. 面对陌生环境，有时候我会——

A. 没有安全感，而缺乏自信；

B. 因为我的无心，而使重要场合失去庄重感；

C. 觉得不自在，很想早点离开现场；

D. 让别人觉得我有点骄傲和自负。

15. 当压力冲突产生时，有时候我会——

A. 不再坚持自己的立场，但内心会有挫折感；

B. 为避免得罪人而表现出弹性立场，让人觉得我是前后不一致的人；

C. 不想再多说了，因而让别人觉得我有点固执不好沟通；

D. 坚持己见，不计后果讲出心里话，因而让人有不舒服的感觉。

16. 有时候我会觉得——

A. 自己很容易被别人说服，事后又觉得很后悔；

B. 因为太爱搞笑，喜欢引人注意，成为大家瞩目的焦点；

C. 我会让别人觉得我有点固执而且很难沟通；

D. 我很难接受别人不相信我的感觉，会立即拍胸脯担保或打赌。

检测分数评量
正向

请将你所填写的检测表答案，依题号顺序，填入下表，请纵列正向和负向分别加总计分，最后加总计分。请复查是否横列总分各为 80 分

题号	A	B	C	D
1				
2				
3				
4				
5				
6				
7				
8				
总分 80	考拉-平和型	孔雀-表现型	猫头鹰-分析型	老虎-驾驭型
小计				

负向

题号	A	B	C	D
9				
10				
11				
12				
13				
14				
15				
16				
总分80	考拉-平和型	孔雀-表现型	猫头鹰-分析型	老虎-驾驭型
小计				

请将正向与负向加总计分

类型 加分	考拉-平和型	孔雀-表现型	猫头鹰-分析型	老虎-驾驭型
总分				

性格分析

教室里异常寂静，同学们在认真细致地测试，希望通过这些测试就能对自己是什么样的人、适合干什么有一个清醒的判断。

当大家把测试卷都交上来后，鬼谷子开口说话了："这种测试更多的是西方式的诊断，可以帮助大家部分了解自己。下面我将做一些讲解和分析，真正要深刻地认识自己，还有待以后大家用心参与各种工作实践，对照测试，印证测试结果。"

"老师，能否帮我分析一下。"有的同学已经有些迫不及待了。

"别焦急，我先来分析性格部分，同学们可以在我讲解的过程中自己对照，看是否符合实际情况。"

"在性格测试中，你得分最高的那项代表着你的主性格，如A的分数最高，说明你的主性格属于考拉型，也就是说倾向于平和型性格。如果有两个分数差不多的，属于复合型性格；如果 ABCD 四个分数都差不多，那要恭喜你，你已经初步修炼成变色龙啦。"同学们被老师逗笑了。

"下面，我们先来分析考拉型的性格特点。"

考拉－平和型

考拉型的人稳定、温和、不好冲突，行事稳健、强调平实，有过人的耐力，性格善良，面部表情和蔼可亲。

优点：他们对其他人的感情很敏感，这使他们在集体环境中人缘颇好。

缺点：很难坚持自己的观点和迅速做出决定。他们不喜欢面对与同事意见不和的局面，他们不愿处理争执。

考拉型的人有先天的优势——亲和力强，也有先天的劣势——战斗力弱（对内对外）。他们往往非常容易上手，但是却比较难成为管理方面的培养对象。

如果你的考拉分数很低，那么你需要考虑一下你的处世风格是否太不圆滑了。中国人中，考拉比例最高，这是儒家文化的产物。在尚未功成名就之前，你需要像考拉一样低调平和。

"在《西游记》师徒四人中，谁的性格最像考拉？"

"沙和尚。"大家几乎是异口同声，看来吴承恩写小说时也是刻意要把沙僧描述成考拉这种典型人物。

"考拉型性格的人非常适合做客户服务、人力资源、秘书、行政后勤等工作，当然如果你娶了一位考拉型的女孩，她绝对是一位善解人意的贤妻良母。"同学们都被老师的幽默逗笑了。

"老师，帮我们分析一下孔雀型吧。"美女杨玉环有些等不及啦。

"好！让我们一起来观看孔雀开屏的故事。"鬼谷子调侃道。

孔雀 – 表现型

孔雀型的人热心，乐观，口才流畅，好交朋友，风度翩翩，表现欲强；喜欢运用快速的手势，面部表情特别丰富。

优点：生性活泼，能够使人兴奋。他很适合需要当众表现、引人注目、态度公开的工作。

缺点：跳跃性的思考模式，常无法顾及细节，而且普遍缺乏耐心，做事不够执着。

孔雀型的人往往是关系型销售，这类人乐于交际，更喜欢用自己的生活方式而不是用所销售的产品来影响客户，让客户首先接受他这个人，然后再接受他卖的东西。

"在《西游记》师徒四人中，谁的性格最像孔雀？"鬼谷子问。

"这个孔雀非猪八戒莫属。"陈平抢先回答。

"孔雀型性格的人是天生的外交家，外向而感性，很容易与人亲近，这种性格的人非常适合做公关、销售、主持人、讲师、导游等，他们是团队中很好的调味品，制造快乐轻松气氛的高手。"鬼谷子显然也被孔雀型特质所感染。

"老师，请您分析一下猫头鹰能否娶孔雀为妻？"有顽皮的男同学开始向老师发起进攻，引起很多同学跟着起哄。

"这个问题提得非常有水平，也很有挑战性，不过，它已经超出了课堂讲授的范围，如果你愿意埋单，我愿意为你提供个性化解决方案，无效退款。"鬼谷子以上乘的太极功夫化对手的力道于无形。

"猫头鹰能否娶孔雀为妻？那得先了解一下猫头鹰的性格特点，关于这方面我倒是可以为你做点免费咨询。"老师也是狡猾中透着幽默。

猫头鹰 – 分析型

猫头鹰型的人传统、保守、注重细节、条理分明、责任感强、重视纪律、分析能力比较强，喜欢把细节条例化，个性拘谨含蓄，很少有面部表情。

优点：做事认真值得信赖，天生就有爱找出事情真相的习性，有耐心，总能想出合乎逻辑的解决办法。

缺点：太谨慎小心，往往错失良机；在压力下，有时为了避免做出错误结论，他们会分析过度。

猫头鹰型的人做销售，往往能够成为优秀的顾问型销售，因为他总能帮客户想在前面。猫头鹰型的人也适合做领导，因为他往往观察细致，面面俱到。

"如果你的猫头鹰分数很低，说明你做事谨慎度不够，往往容易冲动。解决办法很简单，在做任何决定之前，先提醒自己冷静三秒钟，也许就是这三秒钟，就能做出一个让客户更满意的决定。"

"在《西游记》师徒四人中，谁是猫头鹰的代表人物呢？"韩信模仿老师的口气发问道。

"唐僧是也。"韩信的一帮铁哥们儿举起右手放在胸前，口中念着"阿弥陀佛"附和着。

这种搞怪的表演，引起全场哄堂大笑，鬼谷子不仅没有责怪，反而开心得像个小孩子。他没有理由不高兴，这不就是他倡导的体验式快乐教学吗？

"好啦，同学们，我们接着来看看动物园里最威猛的老虎吧。"

老虎 – 驾驭型

老虎型的人自信，权威，竞争意识强，胸怀大志，企图心明显，有对抗性，交谈时习惯进行直接的目光接触。

优点：善于控制局面并能果断地做出决定；这一类型的人一般成就非凡。

缺点：当感到压力时，这类人就会太重视迅速完成工作，容易忽视细节，他们可能不顾自己和别人的情感。由于他们要求过高，加之好胜的天性，有时会成为工作狂。

老虎型的人是天生的领导者。如果这类人选择做基层销售，那么他适合做品牌的强势销售，更多时候，是由他来"教导"客户该怎么做。这种销售，适合谈战略合作（抓大放小）。

"如果你的老虎分数很低，说明你做事目的性不够，侵略性不够，当所承担的责任过大时，会出现退缩。如果你有做高层领导的雄心壮志，那么，建议你务必要正视这些弱点，从现在开始，让自己更强势一些。"

"猫头鹰型的人如何与老虎型的老板打交道？"韩信觉得要成就大业，必须跟对人，而老虎型性格的人是天生的领导者，自己是猫头鹰特质的人，能否成为老虎型领导的最佳搭档？这是他最关心的问题。

"猫头鹰与老虎是很好的互补搭档，老虎胆大敢冒险，猫头鹰胆小谨慎；老虎关注结果，猫头鹰关注过程；老虎抓大放小，猫头鹰抓小放大；老虎举重若轻，猫头鹰举轻若重；老虎外向好表现，猫头鹰内向喜安静。"

"老师，在《西游记》师徒四人中，孙悟空应该属于老虎特质的人，对吗？"

"完全正确。"鬼谷子高兴地说道。

变色龙 – 圆通型

变色龙型的人具有高度的应变能力，性格善变，处事极具弹性，能为了适应环境的要求而调整其决定甚至信念，特别善于打太极拳。从别人眼中看变色龙族群，会觉得他们无个性及原则，没有强烈的个人意识，而这恰恰就是他们处事的价值观。

很少有人是天生的变色龙。这种个性是需要时间积累、事件磨炼的。

代表人物：观音菩萨

关于性格分析，有兴趣的读者还可以进一步阅读"九型人格"方面的书，下面只做一个简单的介绍：

九型人格是一种深层次了解人的方法和学问。它按照人们的思维、情绪和行为，将人分为九种：完美主义者、给予者、实干者、悲情浪漫者、观察者、怀疑论者、享乐主义者、保护者、调停者。九型人格最卓越之处在于它能穿透人们表面的喜怒哀乐，进入人心最隐秘之处，发现人最真实、最根本的需求和渴望。九型人格能够帮助我们洞察人心，用有效的方式应对他人，最终提升我们人生的幸福和成功。

第一型（完美型）

有原则、有毅力，能自我管理、正直，毫不怀疑自己的理念是正确的，完美主义，力图保持高的标准和质量，做事井井有条，以积极态度及不惜付出任何努力追求自己的理想。他们总是注重经验，希望提高成效。他们还善于激励他人提升自己，变得更加有效并且做正确的事情，他们不喜欢浪费和粗心。在最佳状态时，他们能够做出正确的判断、明智的决定，成为道德的模范并非常负责任。

第二型（助人型）

有爱心、慷慨、感恩，能愉悦人们，对别人的需要很敏感，总是试图满足他人的需要。他们善于欣赏他人的才能，能够扮演密友和导师的角色，擅长与人交际。他们对别人的要求很难说"不"，希望能够更好地帮助别人，他们不喜欢没有人情味的工作环境，但对环境的适应能力强。在最佳状态时，他们会有同理心，慷慨，帮助团队建立更紧密的关系。

第三型（成就型）

适应力强、注意力集中、卓越、有干劲，知道如何按照别人的期望更有效率地完成工作。他们往往很有吸引力、迷人、精力充沛。他们对自己，对他们的团队和企业都有很强的观察力。他们喜欢被人注意，经常被荣誉所吸引。他们乐于竞争，对地位和个人荣誉的追求促使他们愿意牺牲个人的生活。在最佳状态时，他们变得很有才华，令人钦佩，经常被人们看作是鼓舞士气的模范。

第四型（艺术型）

有艺术才能，感情丰富，能欣赏及关心别人，给人深刻的印象，喜欢拥有独特的魅力。在对好的创意及个人的创作标准追求上，他们不会妥协。他们喜欢有创造力的工作，不喜欢太有规律的工作。在最佳状态时，他们能将直觉和创造力带到工作中来，并用他们有深度和独特的感觉改善工作。

第五型（理智型）

观察敏锐、求知欲强、富于创新、有耐性，是精力充沛的学习者和实验家，特别是在专业技术领域。他们在开始工作或陈述意见时，会细致地收集信息，试图把握一切，喜欢跟从他们的好奇心去理解细节、探索原理。他们有很强的分析能力，钟情于探索及发现，喜欢独处。在最佳状态时，他们变得有远见，能够将全新的概念带到工作中。

第六型（忠诚型）

引人注意、讨人喜欢、有责任心、勤奋、可靠，喜欢建立合作关系以使工作更加有效完成。他们能够评定他人的动机和优点，从工作环境中寻找潜在的问题。对权威反感，但会是一个忠心耿耿的追随者，他们希望大家意见一致，并对未来有远见。在最佳状态时，他们很有信心，独立，有勇气，往往可以将团队带回到他的本来价值上。

第七型（享受型）

乐观、开朗、积极主动、才艺广泛。在变化、多样性、刺激和创新方面非常擅长。他们表达直率，有幽默感，能够让其他人支持他们的想法。他们总是追赶潮流，寻求新的可能性和观点。在最佳状态时，他们会将焦点集中在有价值的目标上，工作会非常有效率。

第八型（领袖型）

有力量、果断、自信。很清楚自己想要做什么，全力以赴，并总是有能力把它完成好，能够做困难的决定，并把严重的问题看作是对他们的挑战，克服当中的困难，善于策略运用及掌握权力。他们乐于支持、保护并激励他人。在最佳状态时，他们变得宽宏大量，用他们的力量去提高其他人的水平。

第九型（和平型）

融洽、随和、谦卑、适应能力强，可以信任，通过强调团队中的正面事物创造协调的团队，能够缓和冲突和紧张的状态。他们支持及包容他人，有耐性，不偏执，能与他人共同工作。他们不喜欢团队中有冲突，总是试图建立和谐及稳定的关系。在最佳状态时，他们能够协调差异，将人们聚集一起创造一个稳定但有活力的环境。

对照九型人格的描述，看一看九型人格中，哪一种类型与你比较吻合？

亲爱的读者，你是哪一种性格类型呢？性格没有太多好坏之分，关键在于人岗匹配，在策划篇中的"创业定位"章节中，我再来跟大家讨论什么样的性格适合于做什么类型的工作。

二、你的创业兴趣是什么

"好啦，同学们，请接下来做国际上流行的霍兰德创业兴趣测试，这个测试可以最大限度地帮助你了解自己的兴趣与爱好所在。"鬼谷子示意助手把测试卷发给大家。

花15分钟做一个测试，了解自己的兴趣倾向。

你所感兴趣的活动

下面列举了若干种活动，请就这些活动判断你的好恶。喜欢的，请在"是"栏里打"√"；不喜欢的，请在"否"栏里打"×"。请按顺序回答全部问题。

R. 操作型活动

1. 装配修理电器或玩具　　　　是□　　　　　　否□
2. 修理自行车　　　　　　　　是□　　　　　　否□
3. 用木头做东西　　　　　　　是□　　　　　　否□
4. 开汽车或摩托车　　　　　　是□　　　　　　否□
5. 用机器做东西　　　　　　　是□　　　　　　否□
6. 参加木工技术学习班　　　　是□　　　　　　否□
7. 参加制图描图学习班　　　　是□　　　　　　否□
8. 驾驶卡车或拖拉机　　　　　是□　　　　　　否□
9. 参加机械和电气学习班　　　是□　　　　　　否□

10. 装配修理机器　　　　　　　　是☐　　　　否☐

统计"是"的个数得分——

I. 研究型活动

1. 读科技图书和杂志　　　　　　是☐　　　　否☐

2. 在实验室工作　　　　　　　　是☐　　　　否☐

3. 改良水果品种，培育新的水果　是☐　　　　否☐

4. 研究了解土和金属等物质的成分　是☐　　　否☐

5. 研究自己选择的特殊问题　　　是☐　　　　否☐

6. 解算术或玩数学游戏　　　　　是☐　　　　否☐

7. 物理课　　　　　　　　　　　是☐　　　　否☐

8. 化学课　　　　　　　　　　　是☐　　　　否☐

9. 几何课　　　　　　　　　　　是☐　　　　否☐

10. 生物课　　　　　　　　　　是☐　　　　否☐

统计"是"的个数得分——

A. 艺术型活动

1. 素描／制图或绘画　　　　　　是☐　　　　否☐

2. 参演话剧／戏剧　　　　　　　是☐　　　　否☐

3. 设计家具／布置室内　　　　　是☐　　　　否☐

4. 练习乐器／参加乐队　　　　　是☐　　　　否☐

5. 欣赏音乐或戏剧　　　　　　　是☐　　　　否☐

6. 看小说／读剧本　　　　　　　是☐　　　　否☐

7. 从事摄影创作　　　　　　　　是☐　　　　否☐

8. 写诗或吟诗　　　　　　　　　是☐　　　　否☐

9. 参加艺术(美术／音乐)培训　　是☐　　　　否☐

10. 练习书法　　　　　　　　　是☐　　　　否☐

统计"是"的个数得分——

S. 社会型活动

1. 参加学校或单位组织的正式活动　　是☐　　否☐
2. 参加某个社会团体或俱乐部活动　　是☐　　否☐
3. 帮助别人解决困难　　是☐　　否☐
4. 照顾儿童　　是☐　　否☐
5. 出席晚会、联欢会、茶话会　　是☐　　否☐
6. 和大家一起出去郊游　　是☐　　否☐
7. 想获得关于心理方面的知识　　是☐　　否☐
8. 参加座谈会或辩论会　　是☐　　否☐
9. 观看或参加体育比赛和运动会　　是☐　　否☐
10. 结交新朋友　　是☐　　否☐

统计"是"的个数得分——

E. 事业型活动

1. 说服鼓动他人　　是☐　　否☐
2. 卖东西　　是☐　　否☐
3. 谈论政治　　是☐　　否☐
4. 制订计划、参加会议　　是☐　　否☐
5. 以自己的意志影响别人的行为　　是☐　　否☐
6. 在社会团体中担任职务　　是☐　　否☐
7. 检查与评价别人的工作　　是☐　　否☐
8. 结交名流　　是☐　　否☐
9. 指导有某种目标的团体　　是☐　　否☐
10. 参与政治活动　　是☐　　否☐

统计"是"的个数得分——

C. 常规型活动

1. 整理好桌面和房间　　是☐　　否☐

2. 抄写文件和信件　　　　　　　　　　是☐　　　　　否☐

3. 为领导写报告或公务信函　　　　　　是☐　　　　　否☐

4. 检查个人收支情况　　　　　　　　　是☐　　　　　否☐

5. 打字培训班　　　　　　　　　　　　是☐　　　　　否☐

6. 参加算盘、文秘等实务培训　　　　　是☐　　　　　否☐

7. 参加商业会计培训班　　　　　　　　是☐　　　　　否☐

8. 参加情报处理培训班　　　　　　　　是☐　　　　　否☐

9. 整理信件、报告、记录等　　　　　　是☐　　　　　否☐

10. 写商业贸易信　　　　　　　　　　 是☐　　　　　否☐

统计"是"的个数得分——

表2-1 霍兰德创业兴趣测试统计表

姓名		年龄		学历		家庭经济	
	兴趣	得分排序		个性特征		适合工作	
现实型 R				遵守规则、实际、安定，喜欢需要基本技能的具体活动		具有具体的规则和程序，需要特定的技巧或技能，如机械、农林、机电、维修等	
研究型 I				内省、理性、创造，喜欢独立分析与解决抽象问题		需要系统观察、科学分析和一定程度的创造性，如数学、物理、化学、生物、天文、生理学等	
艺术型 A				想象、直觉、冲动、无序，喜欢用艺术形式来表现自己的思想与情感		通过非系统化的自由活动进行艺术表现，如绘画、音乐、写作、表演等	
社会型 S				助人、合作、责任感、同情心，喜欢并善于社会交往，乐善好施		对人进行说服、劝导、帮助、教育和治疗活动，如心理咨询、教育、法律、社会服务等	
事业型 E				支配、自信、精力旺盛，喜欢指挥，劝导别人接受自己的意见		需要动员、组织和领导他人实现既定目标，如工商管理、市场营销、保险业等	
常规型 C				有条理、稳定、顺从、有序，喜欢程序化的条理性工作		具有固定规则的习惯性、重复性工作，如秘书、档案管理员、会计、出纳、总务、数据录入员等	

助手把同学们做完的测试卷收上来后，鬼谷子要助手统计测试结果。与此同时，他在屏幕上打开一页PPT，上面是美国科特勒营销集团（KMG）中国区高级营销顾问孙路弘先生在《销售与市场》杂志发表的题为《兴趣是我人生的发动机》一文。

"哪位同学能最大声、最清晰、最快速地朗读《兴趣是我人生的发动机》？"鬼谷子用慈祥的目光扫视全场。

"老师，我来吧。"西施同学抢先站起来，这个女孩外表柔弱，内心却很坚强。

"在一个人一生的发展中，不断驱动人向前的不是外在的金钱和荣誉，而是来自内心的兴趣，或者就是有一种冲动，一种要弄明白一些事情的好奇。无论你走多远，这一切都来自个人内心的动力。做事情全力以赴的真正驱动因素是来自内在的兴趣。只有感兴趣才能从工作中得到快乐，这是内在的快乐，而不是给多少钱就可以体验到的快乐。这种兴趣和精神将会影响人的一生。"

"给西施同学掌声鼓励一下。是的，兴趣是最好的老师！了解自己的兴趣，听从内心的召唤。"鬼谷子带头鼓起掌来。

"老师，如果难以找到与兴趣匹配的创业时，该怎么办？"有同学提出疑问。

"问得好！能提出这样专业的问题，说明你正在独立思考。是的，人们通常倾向选择与自我兴趣类型匹配的创业环境，如具有现实型兴趣的人希望在现实型的创业环境中工作，可以更好地发挥个人的潜能。但创业选择中，我们并非一定要选择与自己兴趣完全对应的创业环境。一是因为我们本身常是多种兴趣类型的综合体，单一类型显著突出的情况不多，因此评价我们兴趣类型时也时常是以其在六大类型中得分居前三位的类型组合而成，组合时根据分数的高低依次排列字母，构成其兴趣组型，如RCA、AIS等；二是因为影响创业选择的因素是多方面的，不完全依据兴趣类型，还要参照社会的创业需求及获得创业的现实可能性。因此，我们在做创业选择时会不断妥协，寻求与相邻创业环境，甚至相隔创业环境，在这种环境中，我们需要逐渐适应工作环境。但如果个体寻找的是相对的创业环境，意味着所进入的是与自我兴趣完全不同的创业环境，则我们工作起来可能难以适应，或者难以做到工作时觉得很快乐，相反，甚至可能会每天工作得很痛苦。"

你的价值观是什么？

"生命诚可贵，爱情价更高，若为自由故，二者皆可抛！"鬼谷子忽然吟唱起裴多菲·山陀尔的《自由与爱情》来，熟悉这首诗的同学情不自禁地跟着哼唱起来。

不知道教授为什么忽然诗兴大发？

"在革命者的心中，什么是最重要的？"面对同学们疑惑的眼神，鬼谷子反问道。

"自由！"所有学生几乎是异口同声。

"在鱼和熊掌不能兼得时，你如何取舍？"鬼谷子还是没有直接回应，而是进一步发问。

"那要看鱼和熊掌对我来说，哪一个更重要？"有同学低声回答。

"是的。对你来说哪一个更重要，取决于你的价值观。虽然价值观这个词很抽象，但它经常在关键时刻起作用。价值观对个人的发展有极大的影响；认清自己的价值观，可增强自己对人、对事的辨别与决策能力。不同的价值观就会有不同的选择，不同的选择就有不同的结局！"

万通地产董事长冯仑以长江商学院首届EMBA学员的身份在香港拜访了李嘉诚先生后，在《中国经营报》上撰文："李嘉诚为什么取得如此大的成就，是因为他修炼了赚钱以外的功夫，这是一般人没有看到的，而赚钱以外的功夫之一就是价值观。"

冯仑总结道："价值观是我们判断是非善恶的简单标准。你之所以做这件事而不做那件事，之所以这么做而不是那么做，就是价值观。MBA经常讲差异化竞争，差异化的战略在产品、在营销方法这些方面，几乎都可以模仿。真正不能模仿的是价值观，这就是为什么有些人能够成功，有些人则不能够成功。

所谓价值观，就是在你心里跟你的合作伙伴、同事、朋友建立金钱关系的时候，你需要拿一个尺度来衡量、来决策，而这个东西会引导你朝不同的方向去走。例如，我们看马云，不要看马云成功的故事，而应该看马云是怎样在微观决策的时候，判断细小的是非。比如马云在上市的时候，他只拿了5%的股份，这就是价值观。还有一些人，会把70%的股份变成自己的。而这个价值观会导致未来非常多的人生故事和结局。"

"老师，我们应该拥有什么样的价值观才更容易成功？"陈平开始挑战啦。

"非常好的问题！什么样的价值观更容易成功？不能由老师告诉你，而应由你自己去体验后感悟出来。大家现在先做一个关于价值观的测试。"

下面有16道题目，根据每一道题目对你的重要程度，按照从0（不重要）到10（非常重要）的评分方法打分。把分数写在每一道题目的后面。

题号　　　　题目　　　　分数

1. 一个令人快乐、满意的工作

2. 高收入的工作

3. 美满的婚姻

4. 认识新人；社会事件

5. 参加社区活动

6. 自己的宗教信仰

7. 锻炼，参加体育运动

8. 智力开发

9. 具有挑战机会的创业

10. 好车、衣服、房子等

11. 与家人共度时光

12. 有几个亲密的朋友

13. 自愿为一些非营利性组织工作，如癌症协会

14. 沉思、安静地思考问题、祈祷等等

15. 健康、平衡地饮食

16. 教育读物、电视、自我提高计划等

评价：将这 16 道题目的得分按照标明的题号填入适当位置，然后纵向汇总每两项的得分。

专业　　　财务　　　　家庭　　　　社会
1_____　2_____　3_____　　4_____
9_____　10_____　11_____　　12_____
总分：_____　_____　_____　_____

社区　　　　精神　　　　身体　　　智力
5_____　6_____　7_____　　8_____
13_____　14_____　15_____　　16_____
总分：_____　_____　_____　_____

哪一项得分较高，说明你比较看重这个维度，若 8 个项目得分均比较接近，那么你是一个比较完善的人。

选择不同的重心就有不同的结局！

　　1. 以爱人为重心　　6. 以享乐为重心

　　2. 以孩子为重心　　7. 以朋友为重心

　　3. 以金钱为重心　　8. 以自由为重心

　　4. 以事业为重心　　9. 以爹妈为重心

　　5. 以名利为重心　　10. 以社会为重心

鬼谷子点击鼠标，出现了一张新的 PPT，标题特意放大了，特别醒目，教授是在提醒同学们注意。为了让大家铭记于心，他让大家集体朗读："选择不同的重心就有不同的结局！"

"请大家务必写在笔记本上、床头边，随时随地警醒自己。"鬼谷子再一次强调道。

价值观大拍卖

为了加深大家对价值观的认识，鬼谷子决定跟大家玩一个游戏。

"下面，我们开始'价值观大拍卖'活动。请大家认真思考，积极参与。"

有15个人生追求的项目，但你只有100万元，看你如何取舍。

	项目	出价
1	有颗药丸可以解决你担心的问题	
2	有能力帮助贫困地区孩子接受好教育	
3	成为某一领域的全国知名行业专家	
4	有一年时间可以尽量做个人爱做的事	
5	有一帮志同道合的好朋友	
6	经常有机会尽情享乐	
7	有机会完全自主	
8	有一辈子花不完的钱	
9	有机会创业当老板	
10	被公司里的每个人所喜欢	
11	有很多的美女围着转	
12	永远快乐	
13	在世界上最美的地方有座别墅	
14	有个幸福的家庭	
15	有机会健康地活到100岁	

价值观项目表

活动目标：

1. 协助学生认清自己的价值观。

2. 协助学生了解自己的个性对行动力的影响。

活动程序：

若100万元代表人一生的所有时间及精力，他会花多少钱来买"价值观项目表"的哪些项目？给5分钟时间，让学生于"价值观项目表"上进行估算。

拍卖规则：

不可向银行借款、不可将买到之物品转卖。

思考与讨论：

1. 你是否买到自己认为最重要的价值观项目？如果是，买到时的心情如何？如果不是，则因何没有买到？没有买到的心情如何？你最想买的项目是什么？其背后隐含的价值观是什么？为什么它对你而言那么重要？

2. 有些人什么都没有买到，为什么？

3. 参与拍卖活动时，你的心态为何？你所买的项目是否都是自己喜欢的，还是在赌气或不得已的情况下买的？在拍卖的过程中，你的心情是紧张的，兴奋的，还是……

此活动可看出一个人是属于敏锐果断、眼明手快或是优柔寡断、犹疑不决的个性。通过培训就是让我们确立明确的创业发展目标，进而逐步接近自己的奋斗目标。

这场拍卖游戏玩下来，让大家重新思考一个严肃的问题——我到底最想要什么？

"价值观这个词，大家可能觉得是有点空洞的大道理，但我认为它很重要，不管你是否喜欢，它就是每个人对于自己一生追求的事物的一种信念。"

很多同学把有房有车当作自己的奋斗目标。

老师却说"有房有车"可能是对于某种生活方式的追求，但这并不是创业生涯目标。创业生涯目标的内容包含对专业知识与技能的一定要求，和对事业的一种追求，或是对更完美的人格的一种追求。

"大家是否感觉到了解自己真不容易？课后请同学们温故知新，再利用老师提供的分析工具对自己的性格、兴趣和价值观做一次诊断与透视，并在实际的生活和工作中对照自己，只有先了解自己的家底，才能明确前进的方向。"鬼谷子总结道。

第二赛季

Second season

策划

第❸课
创业定位三部曲
CHUANGYEDINGWEI SANBUQU

"男怕入错行，女怕嫁错郎。"新来的教授姓姜名子牙，一开口就从大家耳熟能详的老话说起，让同学们能很快接受他的讲课，"其实，无论男女，都要入对行，跟对人啊。"

姜教授先从自己的亲身经历开始分享创业成长之道："我出生时，家境已经败落了，年轻的时候干过宰牛卖肉的屠夫，也开过酒店卖过酒，大都一事无成。说实在的，从事这些工作，只能谋生糊口而已，我自己并不感兴趣，也没有这方面的天赋，但我人穷志不短，无论宰牛，还是做生意也好，始终勤奋刻苦地学习天文地理、军事谋略，研究治国安邦之道，期望能有一天为国家施展才华。虽然我满腹经纶、才华出众，但在商朝集团却怀才不遇。我年过60，满头白发，阅历过人，一直到周朝集团才有了施展才能与抱负的机会。"

【故事】做名人的帮手

同学们虽然对姜教授所取得的成就仰慕不已，但觉得他是百年难遇的奇人，大多数年轻人感觉可望而不可即。姜教授也察觉到了同学们的心理，于是，姜教授分享了另一个故事。

阿文，周杰伦的御用词人。阿文的成功并不是一种偶然，看看他对自己工作的"另类"定义就可以有所体悟。都以为工作是"入世"的，需要抛弃自我，需要妥协，百炼成钢，阿文却用实际行动告诉我们，工作也可以很自我，而且既自我，又"入世"，既叫好，又叫座！那么一个高职学历、做保全系统管线的工人是怎么一步步成为今天的阿文的？

"其实我很晚才知道自己想做什么，当完兵之后，大约23岁吧，才知道自己对电影、文字创作有兴趣。那时觉得，创作就是可以凭空捏造一个世界，非常迷人。"阿文说。于是，退伍之后，他跑去学编剧、编导，可是因为当时台湾电影不景气，他没有门路进去，只有换方向，"不是只有影像才有创作的实践，文字也可以啊。"在当工人的间隙，阿文写了100多首歌投到各大唱片集团，结果刚巧吴宗宪组建了一个新的唱片公司在招人，对方一看他写的东西还可以，就录用了。

作为初涉词坛的"愣头青"，阿文只能凭着一点点学习别人的韵脚风格和写作手法来获得成长。"像画画什么的都有人教，可是没有人教歌词创作，只能自己摸索。我就找别的歌手创作过的歌词，把它的段落找出来，韵脚找出来，然后再仔细分析主题是什么、基点是什么、技巧是什么……我是先去学别人的技巧，把别人的基本功都摸索清了，然后再去创作。"

填词行业在某一点上和广告圈很像，都需要比稿，公司拿来一首曲子，大致说一下需要什么画面和主题，然后同时找三四个人来填词，挑一篇用，如果没被挑中就任何报酬都没有。"我当时肯定是属于菜鸟，但我会给自己提出要求，一首旋律写几个版本的歌词，自己跟自己'内部竞争'，这样被挑中的概率也会高。说实话，这个过程还让我蛮有成就感的。"他说。

"说到底，其实人投入一个事情还是希望有成绩，做创作的人很难说你写了作品，然后就锁在抽屉里不跟外界分享、讨论，或者是炫耀。你只要有创作，就一定有发表欲，甚至是发表欲驱动着你去创作，由于这个原因，你就会特别认真地对待自己的作品。"阿文认真剖析自己不枯竭的创作欲。

"你们能从阿文的创业定位案例中得到什么样的启发？"姜教授讲完故事开始提问。

"做自己喜欢的事。"西施温柔的声音让人听着很舒服。

"做创业定位的决定，是从多种方案中进行选择的过程。指个人在面临创业发展不知何去何从的时候，能够谨慎考虑，仔细分析收集到的信息，客观评价自我，从而做出决定。"姜教授的点评很理性。

"理想的创业定位是让自己的天赋（包括兴趣、性格、价值观和能力的综合体）与市场需求、创业岗位所需之间非常匹配。"姜教授故意加重了声调。

测试：工作特色与创业兴趣匹配

"为了更快地了解自己适合做什么样的创业，大家先来做一个测试吧，15分钟的时间就可以啦。"姜总点评完阿文的故事后，发给同学们每人一份测试卷。

说明：请在下列26项指标中，选出5项你最喜欢的；同时选出5项你最不喜欢的。

1. 成就感：面对工作上的不断挑战。
2. 获得别人的注意和器重：获得处理组织内重要工作项目的机会。
3. 指导他人：帮助他人学习，提升业绩的工作技能。
4. 奖金制度：接受不稳定收入的观念，收入（如奖金）取决于工作业绩。
5. 应付复杂的工作：工作程序多，人际接触广泛。
6. 不断学习：工作上要求不断学习，增加知识，改进技能。
7. 创造性：运用个人的创意，以完成工作或解决问题。
8. 处事细心：需要细心处事，关注细节，以完成工作。
9. 能接纳不同观点：能与不同背景及思想的同事合作。
10. 工作节奏快：能迅速完成工作。
11. 成就获得欣赏：因工作成就而获嘉奖。

12. 鼓励积极参与的领导方式：建立鼓励员工参与和自主管理的工作环境。

13. 积极参与：积极投入和参与管理决策，以求达到自主管理的境界。

14. 独立处理：独立工作，不需他人监督。

15. 沟通能力：能与同事、客户、供应商等进行有效沟通。

16. 需要他人支持和鼓励：需要受到他人的欣赏、鼓励和支持。

17. 领导他人：能有效地组织并影响他人。

18. 重视工作：将工作放在个人的利益之前。

19. 升职机会：担任更大职责或更高的职位。

20. 应付重复性的工作：工作方法固定及程序经常重复，变化不大。

21. 进行多元化的工作：同时进行多项工作。

22. 取悦：在与陌生人打交道时能很快让对方感到愉悦。

23. 包容性：设身处地地为他人着想。

24. 忍耐性：长期面对不愿接受的事物时仍然保持常态。

25. 写作能力：习惯于将自己的思想通过文字表达出来。

26. 分析能力：对数据敏感并能找出其中的规律。

15 分钟后，同学们把测试卷交上来了，以期盼的眼光望着教授快点讲解这是怎么回事。

"哪位同学愿意拿自己的试卷来做分析的样本？因为时间关系，我们选择一位有代表性的同学来剖析兴趣与创业如何匹配，其他同学通过剖析典型，触类旁通，举一反三，好吗？"姜教授善解人意地说道。

"老师，我非常希望能得到您的当面指导。"韩信率先站起来抢占被点评的机会。

以下是韩信同学最喜欢的 5 项和最不喜欢的 5 项列表：

	最喜欢的5项	最不喜欢的5项
1	成就感	处事细心
2	奖金制度	能接纳不同观点
3	取悦	写作能力
4	包容性	需要他人支持和鼓励
5	沟通能力	应付重复性的工作

"韩信同学最喜欢的5项有成就感、奖金制度、取悦、包容性和沟通能力，这是销售人员所具备的特质，也是销售岗位所需要的特色；你最不喜欢的5项中，处事细心和能接纳不同观点这两项，对销售业绩的完成也有较大的影响，此外，如果你的销售要做得出色，分析能力、不断学习的能力也是需要的。至于你不喜欢的其他3项对销售岗位来说不是特别需要的特质。总之，从你最喜欢的5项来看，韩信同学非常适合做销售。"

"老师，能否给我也做一个评估？"张良也很想知道自己适合于做什么创业，大声举手提问。

"好的，请说出你最喜欢的5项和最不喜欢的5项。"姜教授爽快地答应。

"我最喜欢的5项是：成就感、获得别人的注意和器重、创造性、不断学习和分析能力；我最不喜欢的5项是：取悦、应付重复性工作、做事细心、领导他人和忍耐性。"张良一口气说完。

"大家帮张良分析一下，觉得他适合做什么工作？"姜教授没有急于给答案，而是引导同学们先做独立思考。

"我觉得张良适合做狗头军师。"有人调侃。

"虽说这位同学说得有点粗鲁，眼光却是很毒。张良同学确实适合从事策划类工作，也就是参谋型人才，张良同学，你认为呢？"姜教授笑着说道。

技能：创业定位的三大法则

"前面已经讲过，创业定位对一个人的创业发展非常重要。下面，我将结合几个发生在我身边的真实案例，跟大家分享创业定位的三大法则。"姜教授语重心长地说。

1. 找到创业爱好——爱一行，干一行

"我先跟大家讲一个案例，有一个大学毕业生，大学期间学的是制药工程，但是他对这个专业根本提不起任何的兴趣，天天逃课，两门课不及格，临近毕业前学校专门组织了一场考试才让他获得了毕业证书。大学期间，他只对两门课感兴趣，一门是大学英语，一门是科技英语。这名同学苦学英语到了旁若无人的地步，每天早上5点就起床背单词，每天晚上都是戴着耳机听着英语节目甜甜地进入梦乡。在参加新东方的面试时，他的表现超过了许多英语专业毕业的学生，最后顺利成为一名新东方的老师。"姜教授分享完故事后，停顿了片刻，抛出了一个问题，"各位同学，你们看出了什么门道？"

"兴趣是最好的老师。"韩信抢先回答。

"是的，我们长期以来遵循的是'干一行，爱一行'，计划经济时代，我们是服从国家分配，党让干啥就干啥，很多人一辈子干到退休，都在被动地干着自己不喜欢的事，又没法做到让自己喜欢起来，于是，采用消极抵抗的方式'混日子'，结果年复一年，日复一日，以平庸结束一生。"姜教授用沉重的口气说道。

刚开始时，同学们觉得这跟自己好像关系不大，现在呢，好多同学陷入深思。

姜教授打开一张PPT，请一位同学朗读屏幕上的一段文字："兴趣是一种具有浓厚情感的志趣活动，它可以使人集中精力去获得知识，并创造性地完成当前的活动。"

"美国著名华人学者丁肇中教授曾经深有感触地说：'任何科学研究，最重要的是要看研究者对自己所从事的工作有没有兴趣，换句话说，也就是有没有事业心，这不能有任何强迫。……比如搞物理实验，因为我有兴趣，我可以

两天两夜,甚至三天三夜在实验室里,守在仪器旁,我急切地希望发现我所要探索的东西。'"姜老师引用名人的亲身感受来加深同学们的理解。

陈平心想,正是兴趣和事业心推动了丁教授所从事科研工作,并使他获得了巨大的成功。

姜教授看着同学们若有所思的样子,知道科学家的故事在他们心中起了反应,于是趁热打铁说道:"如果能把你的兴趣变成一项事业,那就更加容易享受工作中的快乐,即使遇到挫折,因为是你喜欢的事情,你也能坚持下来;即使暂时不赚钱,或别人不理解、合作伙伴的离去等都不会影响你的热情和投入,也只有这样才能持之以恒成就你的事业。"

教授点击一下鼠标,露出了屏幕上的标题:不同岗位有不同的工作特色。

"如果你的创业兴趣跟岗位所需的工作特色相匹配,而你不喜欢的事恰巧是这个岗位的工作所不需要的,那我要恭喜你找对了创业方向,接下来的事只要你用心工作,坚持下来必成正果。"姜教授走下讲台,拍了拍一位同学的肩膀,带着鼓励的口气道。

姜教授微笑着看了一眼西施同学,声音柔和了很多,他缓慢低沉地说:"人力资源岗位的工作特色有5项:处事细心,能接纳不同观点,分析能力,包容性和沟通能力。如果西施同学,你刚好喜欢这五项或至少喜欢其中的三四项,那你可以考虑在人力资源管理岗位上大展拳脚。"

"老师,我有个问题想向您请教。"

"OK!能提出问题说明你在思考,我很高兴与你们探讨。"

"谢谢老师!我的问题是怎样才能知道自己的创业爱好?"

"有一个简单的小测试可以帮你分析你的创业爱好是什么,那就是你跟别人谈论事情时,你表现最兴奋的地方,极有可能就是你的创业爱好。"姜教授面授机宜。

2. 发挥自身天赋——让兔子去跑，不教猪唱歌

45分钟的一节课很快就过去了，同学们有如沐春风的感觉，课间休息时，很多学生围上来，向老师问这问那。

"会休息的人才会工作。"姜教授却把大家赶出教室，播放音乐，一起跳起了兔子舞。

老师与学生融为一体，打成一片，上课时是严师，下课时是玩伴。

10分钟的课间休息，释放了压力，心情更加happy。

"请大家先看一个案例，我接下来要你们自己当老师。"同学们刚回到座位上，姜教授就示意大家安静下来，发给大家一份案例材料。

【案例】收入与天赋，听从谁的召唤？

A同学2005年参加导游资格考试，于2006年3月、4月分别取得了导游资格证及导游证，并于2006年6月至2007年5月在张家界春秋旅行社实习，后在此担任导游员一职。但因为经验不够，所以收入不高。后来因为觉得在张家界好地国际旅行社更有发展前途，所以在6月转入好地国旅，在此主要是接待一些散客。因为A同学性格比较随和，有耐心，也总是微笑服务于游客，所以没有一次被游客投诉过。但也是他个人的一些原因，所以很少去带团，每个月的收入也只有两三千元。

在2009年5月，因为在一次带团中，陪游客一起喝酒，导致皮肤过敏，再加上他不喜欢总是在外面跑，因此产生了不想再做导游的想法。后来就在张家界湘西中旅天门山门市部从事网络计调这一工作，主要负责在网上拉业务，跟有意向来张家界的游客谈谈行程安排，并帮他们订房订票等。一直到今年3月，他突然觉得做这个很限制个人发展，而且工资也不高，所以就跟经理辞职，并要求在天门山做一日游的导游，经理同意了。他现在的工作是在天门山担任导游员，但是目前去张家界森林公园的游客比较多，所以带的主要是散客。虽然现在收入不多，但从毕业到现在，A同学觉得此刻是做得最开心的。

"如果你是创业规划的顾问，你会为这位 A 同学提供什么样的建议？"

教授要我们当创业规划的顾问，没搞错吧，我们自己的创业规划都不知道怎么搞，还帮别人规划？同学们没搞明白姜教授为啥要出这种难题。其实，这正是姜教授教学的英明之处，要教给人家一碗水，自己先要有一桶水。姜教授的意图就是要让同学们通过好为人师，达到自己主动学习的目的。

虽然难以理解，但慑于教授的权威，同学们还是以小组为单位，开始进行案例分析。

"这位 A 同学的情况比较普遍，由于兴趣与收入等原因，不停地换工作、换岗位，在创业规划的早期，属于创业的探索期，是可以理解也是必要的。"以韩信为组长的将帅营打响了第一炮。

号称"谋事在人"队的队长陈平站起来 PK 道："然而，这个时候一定要开始理性地思考一个问题：我的天赋是什么？我最擅长干什么？"

"一旦找准了，就不要计较短期的收入得失，坚持按兴趣和天赋发展，你就能笑到最后，随着时间的推移，兴趣和天赋会修炼成一种优势。"张良的回答最能领悟教授的思想。

"天生我材必有用。每一个人都有不同的天赋，天赋是上天送给你的本钱，不善加利用，那真是浪费了最大的与生俱来的资源。"姜教授听着同学们高水平的发言，接过了张良的话题。

"我们的天赋是如何形成的？"大家已经知道发挥天赋的重要性，姜教授为了让同学们深入思考，又进一步提出了 Know-How 式的问题。

这个问题有点高深，老师并不期望同学们能回答，其主要目的在于吸引大家的注意力，所以，没等同学的反应，他就开始跟同学做详细讲解。

"美国盖洛普公司把天赋称之为'才干'，才干是个人所展现的自发而持久的并能产生效益的思维、感觉和行为模式；是贯穿其一生并且无法传授、培训或强求的主题；它所体现的是你的为人之本，而不是你的后天知识。他们认为一个人竞争优势的基础来自才干。在我们的文化里，才干是才能的别称，更多是后天修炼而成的，根据盖洛普公司对'才干'的定义，我认为他们指的'才干'更像'天赋'，这是与生俱来的。"

我们的天赋是如何形成的？姜教授的PPT上展示了一些图，形象而生动。

盖洛普公司基于200万收入以上人群的个别访谈和400多个工作岗位的调研，得出结论：

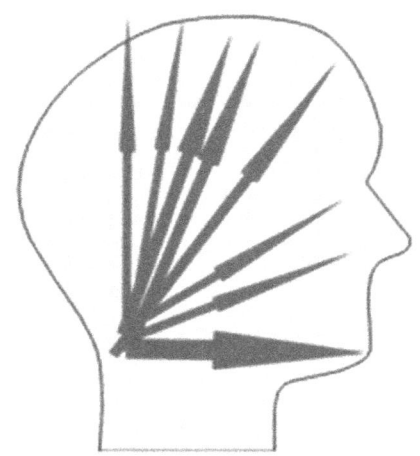

3年高度活跃和灵活

3~15年"修剪"

"常走的路越走越宽，不走的路渐渐荒芜。"Wayne 州立大学医学院神经学教授 Harry Chugani 博士曾如是说。

15 年以后网络定型

"如何才能更快地发现自己的天赋在哪里？"有同学焦急地问。同学们很想知道答案，这是一个好兆头，这正是体验式快乐教学的魅力所在。

"如何发现自身的天赋？除了可以做一些测试之外，你可以观察自己做什么事比其他人更加得心应手，更加乐在其中。也可以听听你的同学、朋友、爹妈对你的评价。"姜教授只做了简短的提示，他希望接下来同学们会主动去寻找下一步的答案。

3. 培植核心能力——一招鲜，吃遍天

快乐的时光总是过得很快，转眼又是一节课的开始。

"大家是否留意过地理位置偏僻的餐馆凭什么招揽顾客？"姜教授又是以一个提问做开场白。

平时大家虽然上餐馆吃饭，却没有刻意去观察和思考过，所以都不敢轻易

回答，全场静得针掉在地上都听得见。

"靠的就是一招鲜！"姜教授见同学们回答不上来，就直截了当地揭开了谜底。

"好啦，请你们看屏幕，我给大家先分享一个'靠笔杆子闯江湖的方向'的故事。"

【案例】靠笔杆子闯江湖的方向

方向2005年毕业于某省立商学院，从小学到高中，他的各科成绩一般，唯独作文经常被语文老师当作范文在班上宣读和张贴。方向平时就喜欢研读《读者》《格言》上的美文，给校报写点豆腐块文章，偶尔得点稿费，也能让他欣喜若狂，同学们给他取了一个外号叫"方大才子"。别人挖空心思半天也鼓捣不出一篇几百字的文章，而他经常有文如泉涌的感觉。

在大学期间，他不经意地看到了一则报纸广告，一家调味品公司为一个新产品面向全国征集广告词，他那时还不清楚"广告"这玩意是啥东西，只是冲着特等奖5000元的巨额诱惑去的，当然加上一点对自己文笔的自信。他构思良久，寄出一句"谁说众口难调，味博士，调尽你的口味！——调口味的专家"。当时，他只是当作练手，也没想真得奖，没想到两个月后，竟然收到通知：他获得了特等奖，要他去公司参加新闻发布会并当场领奖。5000元在当时不是一个小数字，简直是天降横财啊，而且更重要的是这次获奖影响了方向一生的事业选择。从此以后，一方面，他每天就揣摩各种报纸和杂志上的广告，把国内外获奖的广告作品也拿来仔细模仿和研讨，学习高手们的创意手法；另一方面，拿着一些自己的作品作为"敲门砖"，他敲开了几家广告公司和营销策划公司的大门，应聘成为兼职的文案创意专员。大学3年多的时间里，方向一直在广告文案创意上深耕细作，在实战中磨炼自己的实力。因为不计较报酬，又用心创作，加上天赋在此，他"一不小心"成了业内广告文案创意高手，且集中在房地产广告创作上，未毕业就成了业内的"抢手货"。

底下的同学私下议论："昭君，你也喜欢写点东西，在校报上还发表过作品，你也可以成为广告大师。"

"方向曾经是我的学生，他在中小学读书时，就有写作的天分，老师对他经常表扬，使他更加有兴趣和热情去写作。因为做好了，可以得到老师的激励和同学们的羡慕，这也不断激励他在写作上下功夫，这样天赋就得到了不断的强化，他的写作能力与日俱增，并最终变成了一种比较优势。"姜老师补充说道。

韩信联想到自己也曾受到一位老人的激励，那位老师鼓励他，男儿志在四方，战争年代你可以投笔从戎，和平年代呢，男儿最好的创业就是从事营销工作，因其最具挑战性，也最能成为事业的起点。

"同学们，我现在总结一下，创业定位三步：第一步是找准创业爱好；第二步发挥自身天赋；第三步培植核心能力。"看得出，姜教授也很享受这个教学过程，总是充满着激情。

姜教授在教室里走动着，他喜欢走到学生中间，这样似乎更容易形成一种学习的磁场。

"核心能力的培养要在爱好、天赋和市场岗位需求三者之间找结合点，一旦找准这个结合点后，就要以'十年磨一剑'之长期心态，不受外界的其他诱惑，每天坚持在这个选准的细分领域里积累与耕耘，就一定能练就出闯荡江湖的绝活。"

姜教授在同学们热烈的掌声中结束了精彩的演讲，并给大家布置了课后必须完成的模拟演练和真枪实战的作业，以自学为主，并反复强调只有学以致用，才能把知识转化为技能和习惯。

模拟演练

1. 请你回顾小学、初中、高中和大学阶段在家里、学校和社会上发生在你与他人之间的故事，看看你做什么事最来劲？

2. 看看你是哪一种创业锚?

创业锚：是指当一个人不得不做出选择的时候，他或她无论如何都不会放弃在创业中的那种至关重要的东西或价值观。正如"创业锚"这一名词中"锚"的含义一样，创业锚实际上就是人们选择和发展自己在创业时所围绕的中心。一个人对自己的天资和能力、动机和需要以及态度和价值观有了清楚的了解之后，就会意识到自己的创业锚到底是什么。

①你在高中时期主要对哪些领域比较感兴趣（如果有的话）？为什么会对这些领域感兴趣？你对这些领域的感受是怎样的？

②你在大学时期主要对哪些领域比较感兴趣？为什么会对这些领域感兴趣？你对这些领域的感受是怎样的？

③你毕业之后所从事的第一种工作是什么？（如果相关的话，服役也算在其中）你期望从这种工作中得到些什么？

④当你开始自己的创业生涯的时候，你的抱负或长期目标是什么？这种抱负或长期目标是否曾经出现过变化？如果有，那么是在什么时候？为什么会变化？

⑤你第一次换工作或换公司的情况是怎样的？你期望下一个工作能给你带来什么？

⑥你后来换工作、换公司或换创业的情况是怎样的？你为什么会做出变动决定？你所追求的是什么？（请根据你每一次更换工作、公司或创业的情况来回答这几个问题。）

⑦当你回首自己的创业经历时，你觉得最令自己感到愉快的是哪些时候？你认为这些时候的什么东西最令你感到愉快？

⑧当你回首自己的创业经历时，你觉得最让自己感到不愉快的是哪些时候？你认为这些时候的什么东西最令你感到不愉快？

⑨你是否曾经拒绝过从事某种工作的机会或晋升机会？为什么？

管理型 _____

有些人则表现出成为管理人员的强烈动机，"他们的创业经历使得他们相信自己具备被提升到那些一般管理性职位上去所需要的各种必要能力以及相关的价值倾向。"必须承担较高责任的管理职位是这些人的最终目标。当追问他们为什么相信自己具备获得这些职位所必需的技能的时候，许多人回答说，他们之所以认为自己有资格获得管理职位，是由于他们认为自己具备以下三个方面的能力：第一个是分析能力（在信息不完全以及不确定的情况下发现问题、分析问题和解决问题的能力）；第二个是人际沟通能力（在各种层次上影响、监督、领导、操纵以及控制他人的能力）；第三个是情感能力（在情感和人际危机面前只会受到激励而不会受其困扰和削弱的能力，以及在较高的责任压力下不会变得无所作为的能力）。

技术型 _____

具有较强的技术型创业锚的人往往不愿意选择那些带有一般管理性质的创业。相反，他们总是倾向于选择那些能够保证自己在既定的技术或功能领域中不断发展的创业。

安全型 _____

有一少部分毕业生极为重视长期的创业稳定和工作的保障。他们似乎比较愿意去从事这样一类创业：这些创业应当能够提供有保障的工作、体面的收入以及可靠的未来生活。这种可靠的未来生活通常是由良好的退休计划和较高的退休金来保证的。

对于那些对地理安全性更感兴趣的人来说，如果追求更为优越的创业，意味着将要在他们的生活中注入一种不稳定或保障较差的地域因素的话——迫使他们举家搬迁到其他城市，那么他们会觉得在一个熟悉的环境中维持一种稳定的、有保障的创业对他们来说是更为重要的。对于另外一些追求安全型创业锚的人来说，安全则是意味着所依托的组织的安全性。他们可能优先选择到政府机关工作，因为政府公务员看来还是一种终身性的创业。

这些人显然更愿意让别人来决定他们去从事何种创业。

创业型 ＿＿＿＿＿＿＿

有些学生在毕业之后逐渐成为企业家。这些人都有这样一种需要："建立或创设某种完全属于自己的东西———一件署着他们名字的产品、一家他们自己的公司或一批反映他们成就的个人财富等。"比如，分众传媒的江南春大学还没毕业就创办了广告公司；用友软件的王文京和零点咨询的袁岳都是被分到国家部委工作几年后就离开安稳的政府机关，与志同道合的朋友创办了属于自己的公司。

自由型 ＿＿＿＿＿＿＿

有些毕业生在选择创业时似乎被一种自己决定自己命运的需要所驱使着，他们希望摆脱那种因在大企业中工作而依赖别人的境况，因为，当一个人在某家大企业中工作的时候，他或她的提升、工作调动、薪金等诸多方面都难免要受别人的摆布。这些毕业生中有许多人还有着强烈的技术导向，然而，他们却不是(像技术型那样)到某一个企业中去追求这种创业导向，而是决定成为一位咨询专家，要么是自己独立工作，要么是作为一个相对较小的企业中的合伙人来工作。具有这种创业锚的其他一些人则成了工商管理教授、自由撰稿人、咨询顾问、培训师或小型公司合伙人等。

真枪实战

1. 根据以上观点,为自己设计创业定位。

2. 找准一个符合你创业定位的学习榜样,收集、研究并模仿他(她)的行为。

3. 清楚地描述你的创业爱好、天赋,并确定自己的"一招鲜"从哪里切入。

第❹课

唐僧凭什么带团队？

TANGSENGPINGSHENME DAITUANDUI

"看见10只兔子，你到底抓哪一只？"孙膑老师一上讲台，就要大家抓兔子。

同学们还没弄明白孙老师的葫芦里到底卖的是什么药，孙老师好像也没想到要同学们回答，就自己接着说下文了，原来他是用提问来集中学生的注意力。

"有些人一会儿抓这只兔子，一会儿抓那只兔子，最后可能一只也抓不住。CEO的主要任务不是寻找机会而是对机会说'NO'。机会太多，只能抓一个。我只能抓一只兔子，抓多了，什么都会丢掉。"

"现在我跟大家分享哈佛大学持续25年的研究成果——目标对人生影响的跟踪调查。"孙老师打开了一张PPT，屏幕上显示一组数据。

调查对象是一群智力、学历、环境等条件都差不多的年轻人。

在校期间，3%的人有清晰且长期的目标，10%的人有清晰但短期的目标，60%的人有较模糊目标，27%的人没有什么目标。25年后，那些3%的人25年来几乎都不曾更改过自己的人生目标。他们都朝着同一个方向不懈地努力，几乎都成了社会各界的顶尖成功人士，他们中不乏白手创业英雄、行业领袖、社会精英。那些10%的人大都生活在社会的中上层。他们的共同特点是，那些短期目标不断被实现，生活状态稳步上升，成为各行各业的不可或缺的专业人士。如医生、律师、工程师、高级经理等。那些60%的人几乎都生活在社会的中下层，他们能安稳地生活与工作，但都没有什么特别的成绩。那些27%的人几乎都生活在社会的底层，生活都过得不如意，常失业，常抱怨他人，抱怨社会。

"各位年轻的朋友，你们有何感想？"

大家都陷入沉思之中，没有人马上响应老师的提问，孙老师只好点将："陈平，你怎么看？"

"说真的，我就是那种有清晰但短期目标的人，我希望大学毕业5年能买房子、结婚，生一个宝贝儿子。多赚点钱，让家人过得好一点，接爹妈到城里来享点清福。"

有同学想笑，却都没有笑出声来。检讨自己，又何尝不是这样呢？

"为什么同样是哈佛大学的高才生，差距怎么这么大呢？"孙老师模仿小品演员范伟的语调说道。

同学们终于忍不住笑出了声。

孙老师接着点评道："你必须树立长期的奋斗目标，并设定目标的实现过程，凝聚力量锁定目标。成功是个过程不是结果，任何大目标都是一串小目标的结果，要实现大目标必须先实现小目标。"说完，停顿一会儿，他的目光在同学们身上扫视。

"彼得·德鲁克在《管理实践》中强调：任何企业必须成为一个真正的整体，并且将个人的努力融汇成一种共同的努力；每个成员的贡献是不同的，但每个成员的贡献必须融成一个整体，产生出一种整体的业绩；企业的各项工作都必须以整个企业的目标为导向；管理人员的工作必须注重于企业整体的成功。"

这些话讲得有些专业，同学们似懂非懂，又不好意思问，只好先做好笔记，慢慢消化吧。

"好啦，大家从哈佛大学持续 25 年的研究成果中已经看到，目标对一个人的事业发展是如此重要。所以，今天我跟同学们一起来学习目标管理，当你的创业定位明晰后，接下来就是如何运用目标管理这个有用的工具来实现你的创业定位。"

"目标管理是什么？"

孙老师点将请韩信同学站起来读目标管理的定义。

目标管理（Management by Object，简称 MBO）是以目标的设置和分解、目标的实施及完成情况的检查、奖惩为手段，通过人的自我管理来实现企业的经营目的的一种管理方法。

"假如不知道何去何从，那么你走哪一条路都无所谓；假如目标已定，那么你所迈出的每一步都意味着靠近或远离。"孙老师即兴发挥。

"制定目标有助于你更加明智地工作，有助于你集中精力实现最重要的目标市场主导权。每个人每天都需要对自己即将从事和完成的活动做出决定，而正是这些决定最终影响了人的一生在做什么，能获得多大程度的成功。"

目标管理的优点

因为没有目标就像一个没有方向或没有目的地的旅程，你没有办法为这个旅程做充分准备，也不知道自己将会走到哪里。

目标管理有以下优点：

1. 制定挑战性目标来提高你的积极性和绩效。
2. 可以作为个人或团队绩效考核的客观依据。
3. 将每个人的工作与公司的整体发展目标联系起来。
4. 明确对每个人的要求，有助于促进计划与协调。
5. 使人明确了解企业对他们的要求。

目标管理的步骤

孙老师的课让人感觉压力很大，他不断地要同学们自己独立思考并做出选择。

"如何让目标管理这个科学工具帮助到大家，我以自己大学期间的经历跟各位分享，希望对你们赢在大学起到向导的作用。"同学们能感受到孙老师诚恳的态度。

（一）制定目标

"制定一个合适的目标是十分重要的，作为公司要制定公司的总目标，各地区及部门要制定各地区及部门的目标。每个人要制定个人的目标，要有长线目标、中线目标及短线目标，分每年、每季、每月、每周、每天及业务拜访中的每次拜访都要制定目标。"

这些内容讲得有点抽象，离没有工作经验的大学生好像有点远，虽然对职场人士来说很实在。

看到同学们呆呆的眼神，孙老师立即切入大学时代的情景。

"因为家里比较穷，爹妈东凑西借到第一学期的学费，就没有多少生活费供我读书了。我面临的问题首先是如何解决自己的吃饭等日常生活问题。这对饭来张口、衣来伸手的人来说根本就不是问题，而对吃了上顿没了下顿的我来说却是一个很大的问题，肚子闹起革命来可不是小事，难受的样子只有饿过的人才知道。"

陈平曾经乞讨过，深有同感。

"在鬼谷子老师的帮助下，我开始对自己面临的内外部环境做SWOT分析。同学们从现在开始，跟着我一步一步地灵活运用目标管理的9步法则。"

1. SWOT 分析

S-Strength 优势，指你自身与别人相比所具有的独特的优点及长处。

"作为在校大学生，我当时分析自己的优势主要有三点：一是年轻，精力旺盛；二是时间，自由支配；三是作风，勤劳肯干。"孙老师谈笑风生，丝毫没有忆苦思甜的悲惨感觉。

W-Weakness 劣势，指你自身与别人相比的不足之处，比别人差的地方。

"劣势吧，也很明显，总结起来至少有两点：一是缺少经验；二是缺少人脉。"

O-Opportunities 机会，指整个市场环境给你提供哪些机会。

"谈到机会，你们发现身边有哪些可以利用的赚钱机会？"

没有钱花了，跟爹妈打电话，钱就很快汇过来了，还真没去想过自己如何赚钱，一直在做消费者，可谓"不在其位，不谋其政"。

"为了解决吃饭问题，我首先想到的是到餐馆打工，混餐饭吃不就成了'家常便饭'。这一招还真灵，没有核心专长，当不了大厨，就当洗碗工、端菜工，困了、累了，喝不起红牛，就喝白开水，不仅解渴，而且瘦身。"这哪是痛苦的经历？孙老师幽默风趣地调侃自己的餐馆打工生涯。同学们听着都是一种享受，只有做过餐馆服务员的陈平心里清楚，怎一个累字了得。

"待稍微积累起'第一桶金'后，我开始贩卖军训期间同学们穿过的迷彩服、旧书回收、电话卡、手机、电脑等，当然生意是越做越大，商品单价卖得越来越贵。

"我发现当你成功把握住一个机会后，就会有更多的机会等待着你。我的体会是：不是机会太少，而是诱惑太多。"

T-Threats 威胁，指整个市场环境中对你不利的情况。

"至于威胁吧，每个阶段都不一样。比如，在学生宿舍推销时，宿管员会挤对我；卖电话卡卖得火爆时，抢了校内商店老板的生意，他派人威胁我尽快收手，否则会对我不客气；经常逃课，老师让我补课；做生意名声在外时，老师说我不务正业，最后让我推迟毕业；等等。"

天将降大任于斯人也，必先苦其心志，劳其筋骨，空乏其身。韩信听到孙老师的一番话，脑中突然想到先哲的这一段话。

"不过，我这个人运气比较好，总能逢凶化吉。"同学们听得胆战心惊，老师却说得轻描淡写。

接着,孙老师点击了一下电脑鼠标,屏幕上显示出一张SWOT汇总表。

"你把你自己当作产品在坐标上定位,你就可以清楚地看到你这个'产品'处在什么情况之下,根据它即可设计出适合的创业市场推广方案。SWOT分析法,不仅适合分析公司、产品,也适合分析个人,灵活运用可以得到明确的指引。"

"刚才我们一起度过了SWOT的分析之旅,下面我要给大家吃一点'聪明得乐',让大家变得更加聪明些。"孙老师又开始调侃了。

2.SMART"聪明法则"

"SWOT分析后,你就可以制定一个目标。制定目标要符合SMART原则,即'聪明法则'。"

(1) S-specific 具体的。能准确说明要达到的最终结果。

"我第一学期具体的目标是能解决一日三餐,在餐馆打工很快就食无忧了。但温饱问题还只解决了饱,温的问题还没有着落。于是,我又琢磨如何开辟第二条赚钱的渠道。功夫不负有心人,我又瞄准大学生的日常消费市场。"

(2) M-measurable 可衡量的。是指你的目标是可以用有考评的绩效标准来衡量成果的。

"我的目标可衡量的指标是:每天向10个宿舍推销,每个宿舍至少跟5个学生交流,争取成交1件商品,每个月赚800元。你要达到的目标必须数字化,用数据说话,就能很好地检验自己完成任务的程度。你们试着为自己订立可衡量的短期目标,好吗?"老师示范道。

"我现在最想锻炼自己的口才,我每天的目标是:跟两个陌生人交流;早上晨读1页《世界上最伟大的推销员》;主动回答老师提问两次;与3个同学分享心得体会与奇闻趣事。"韩信用实际行动兑现他的承诺。

"非常好!每天突破一点,我建议你列一个表,完成一项就打钩,晚上睡觉前检查每天目标完成的情况。"老师欣赏道。

(3) A-achievable 具有挑战性。是指你设计的目标,实现起来要有一定的困难,并不是轻而易举地达到的,然而也并非不能达到的,需要努力才行。

"我的做法是积小胜为大胜，先尝试实现一个小目标，自信心增加后，不断地给自己设定有一定挑战性的目标，它能激发你内在的潜能。如解决了吃饭问题，我就着手解决其他生活问题，再考虑带出一支团队一起创业。"

（4）R-relevant 现实的。是指在设定目标时根据市场调研结果及各种资源和能力来看是可以达到的。

"目标设定要有挑战性，也要考虑可行性，资源和能力能否与目标匹配，大处着眼，还得小处着手，初战必捷，有利于树立士气。"

（5）T-time framed 时间限制。是指你的目标日期。它分为固定最后期限及可调整（因具体情况而变）的最后期限。

"我的体会是没有期限约束，人的惰性会让你无限拖延。比如，我规定自己电话销售必须每天打 300 个，没有打完，我就不让自己休息；我要求自己每天必须写 300 字的工作日志，没写就不让自己睡觉。"听孙老师的意思，只有偏执狂才能生存。

如果你只正确适当地设立了目标，也只是成功了 20%，另外更重要的是目标设立后的管理工作。

（二）明确关键性成果

制定目标之后，你应当确立执行标准或关键性成果，以便把握达标的进度。

"关键性成果将为你提供衡量达标进度的客观尺度。例如，我做销售顾问时，想成为公司的销售冠军，我每月必须销售 100 万元人民币的产品。接着，你还得把关键性成果建立在具体营销活动的基础之上，我把关键性成果进一步设定为每月成交的新客户量，或者设定为挖掘新客户所花费的时间。"孙老师说完，在白板上写下一行字，以期加深同学们的理解。

目标：本月至少出售 100 万元人民币的产品。

关键性成果：成交两家新客户，每家客户购买金额在 50 万元以上，每月拜访 20 次。

（三）评估优劣势

"一旦将目标转化为关键性成果，你要再一次分析自己的优势和劣势，以便明确自己是否具备了实现目标所需的全部资源，包括时间、人力和资金。"老师的条理很清楚，一步一步地展开。

"比如我想找一份兼职销售的工作，我的优势在于对大学和大学生比较了解，劣势则在于缺少本钱。"

（四）确立行动方针

你应当做出一项如何达标的行动计划并为之做好准备。要创立有效的行动计划，关键还在于评析你所参加的每一项活动，并且优先考虑那些你希望集中精力，以帮助自己实现关键性成果的活动。

"比如，你想进入院营销策划协会，希望在此平台上锻炼自己的策划能力。那么，你可以制定的行动方针是：在协会里找到一个内线（老乡或同一专业的学长），向他咨询相关情报——协会现有的空缺职位有哪些，会长的喜好，如会长正在招募写手，你就可以用心写一份策划方案向他展示你的才华。"

（五）资源分配

整理好行动计划之后，你还必须分配好自己将要使用的资源。你可能需要分配自己的时间，以便与现有客户合作和挖掘新的客户。

"你的资源，包括你的时间、费用都是有限的，但是你可以运用你最有利资源来实现你的计划和你的目标。资源贫乏之际，正是发挥创造力之时。比如，你没有钱追女孩子，你可以热心帮助你的朋友去追，一则博得了讲义气的好名声；二则积累了情场实战经验。这叫作借人家的台唱自家的戏，助人就是助己。"

（六）确立达标期限

对自己所计划的每一项活动都确立达标期限，这不仅提供了考验你是否确信能在某个具体日期之前实现关键性成果的机会，而且提供了评估不同任务之间相对优先顺序的机会。

"为了帮助自己评估目标是否切实可行，我在每日工作安排中，对计划的每一项活动都规划了完成时间。"

（七）编制计划

制定目标和行动计划，既为你提供了从思想上重视夺标的机会，也是你对承诺达标的一种确认。此外，制订行动计划还有助于你和别人交流计划内容，有助于你把注意力始终集中在那些对于达标最为重要的活动上面。

"当初接受《尊品》DM杂志的100万元的广告任务时，我都不知道如何去完成它。当我着手制订行动计划的时候，解决问题的思路就会变得清晰起来。"孙老师总是现身说法。

（八）监督结果

"魔鬼和天使都在过程细节中出现。关注过程管理，才能有效保证目标的实现。我的经理每个月都会和我进行二三次面谈，目的在于审核我的目标，并讨论任何有可能影响目标实现的关键性成果问题。"

当这些影响达标的问题超出了你的控制范围时，经理应该调整目标，或修改实现关键性成果的预定期限。

由于四处奔跑、招揽生意，以至于很难让每个人始终埋头于方案工作、内部会议、产品培训以及其他的部门任务。

与其说是老师，不如说是教练，孙老师通过提问和聆听来引导学员自己分析和解决问题。

如果你开始错失关键性成果，那就必须足够频繁地审核你的进展情况，找出原因，以便采取修正措施。

（九）落实奖赏

落实奖赏将激励你实现自己的目标。你的奖金和加薪是建立在达标的基础上，而达标则是你向自己的经理承诺兑现的任务。没有人会不受到金钱刺激的影响，这种影响所带来的感觉将激励你全力以赴地工作。

"亲爱的同学们，现在大家模拟一下，假如你正在承担一项销售任务，在开始上路之前，请你仔细按照目标管理的九大步骤设计。"

模拟演练

1. 步行比赛

孙老师把同学们分成三组，让他们分别沿着10千米以外的三个村子晨跑。

A组的人不知道村庄的名字，也不知道路程有多远，只知道他们跟着助教走就是。刚走了两三千米就有人叫苦，走了一半时有人几乎愤怒了。他们抱怨为什么要走这么远、何时才能走到一半时有人甚至坐在路边不愿走了，越往后走他们的情绪越低。

B组的人知道村庄的名字和路段，但路边没有里程碑，他们只能凭经验估计行程时间和距离。走到一半的时候大多数人就想知道他们已经走了多远，比较有经验的人说："大概走了一半的路程。"于是大家又簇拥着向前走，当走到全程的四分之三时，大家情绪低落，觉得疲惫不堪，而路程似乎还很长，当有人说："快到了！"大家又振作起来加快了步伐。

C组的人不仅知道村子的名字、路程，而且公路上每一千米就有一块里程碑，人们边走边看里程碑，每缩短一千米大家便有一小阵的快乐。行程中他们用歌声和笑声来消除疲劳，情绪一直很高涨，所以很快就到达了目的地。

晨跑后，孙老师组织大家讨论：

为什么同样是 10 千米的距离，同样的晨跑，A、B、C 三组同学会有如此不同的感受？

经过老师的点拨，同学们领悟到一个朴素的道理：做任何事情，必须要有明确的目标，而且还要善于将大目标分解成若干个小目标，积小胜为大胜。

2. 为什么第二组成绩高

同学们对孙老师这种体验式快乐教学非常认可，真的有种"痛并快乐着"的感觉。

晨跑分享完后，孙老师把体验式教学模式搬到了课堂上。他把 20 个同学随机分成两组进行摸高比赛，看哪一组摸得更高。

第一组 10 个同学，不规定任何目标，由他们自己随意制定摸高的高度；
第二组 10 个同学，规定每个人首先必须定一个标准，如要摸到 2.80 米。
比赛结束后，把两组的成绩全部统计出来进行评比。

结果发现：规定目标的第二组的平均成绩要高于没有制定目标的第一组。

"老师，这是不公平的比赛，我们要重新 PK 一次。"输了比赛的第一组觉得受了委屈。

"为什么呢？"

"您给他们定了明确的目标和任务，而我们这一组您却让我们随意摸多高就多高。"

"从比赛的程序来看，是有点不公平，不过这是我故意设计的。"孙老师丝毫不隐瞒比赛的公平性有问题，"大家能看出为什么会有成绩的差异吗？"

"因为有目标的指引。"大家异口同声得有点像高露洁的牙膏广告。

"同学们回答正确！是的，摸高试验证明：目标对于激发人的潜力有很大作用。"

3. 唐僧凭什么带团队

"刚才，大家玩了'武'的，现在我们来点'文'的。"

"《西游记》中的孙悟空、猪八戒和沙僧徒弟3人保护师父唐僧去西天取经。在保护唐僧去西天取经的路上，孙悟空能72般变化，降妖除魔、冲锋陷阵；猪八戒虽然贪吃贪睡，但打起仗来也能上天入海，助猴哥一臂之力；沙僧憨厚老实、任劳任怨，把大家的行李挑到西天；唐僧最舒服，不仅一路上有马骑、有饭吃，而且妖魔挡道也不用其动一根指头，自有徒儿们奋勇杀敌。"

大家都看过《西游记》，不管是电视连续剧，还是动画片，自然听得津津有味。

"文武不全的唐僧凭什么带团队？"孙老师带着一丝捉弄人的微笑。

"唐僧有观音菩萨的授权。"

"他是唐太宗的御弟。"

"他有紧箍咒。"

"大家说得都对，但都没有说到点子上。"孙老师大手一挥，打断了大家的发言，"唐僧有明确而坚定的目标：到西天取经回来普度众生，不管遇到多少艰难险阻，唐僧从来就没有动摇过取经的信念，这才是他能带团队的关键。"

真枪实战

"现在请大家静下心来，认真思考一下自己的人生目标，根据下面我提供给大家的实现目标的12步法，好好规划一下自己的目标，并进行有效的分解与明确。"

1. 实现目标的12步法

我的人生信条是什么？

_____

从家庭、事业与自我成长三方面，分别定出三个目标，选择其中一个目标来做练习。

目标领域：
目标：

第1步：目标必须是我热切的愿望。

热切的愿望，是我完成伟大事情的起始点。

面对自己我必须完全诚实，这个目标是否真的是我想要的、想做的、想拥有的？_____

第2步：目标必须是可以被相信的、可以实现的。

我必须相信这个目标是可以实现的。这个目标是否有50%的成功机会？_____

假如答案是否定的，重新设定这个目标，使它变成有50%成功机会的目标：（记着，每一个目标都应该建立在通往成功的下一步上。）

第3步：将目标写下来。

评估我的目标：

它是否具体？_____

它是否清楚？_____

它是否明确？_____

它是否以生动的文辞、积极的语言描述出来？_____

现在，请以个人语气、积极的言辞，将目标清楚地陈述出来_____
_____

第4步：我为什么要这么做？我能获得些什么利益？我为什么要实现这个目标？

将理由依次写在下面，我的理由写得越多，我就越能完成这个目标。

（1）_____
（2）_____
（3）_____

（4）_____

（5）_____

第 5 步：分析我所在的位置。

我现在整装待发的起始点在哪里？请明确注明。_____

_____

第 6 步：设定一个期限。

在哪一天以前，我会实现这个目标？

_____

除了在总目标设定一个期限外，再设定一些迷你目标。

_____

第 7 步：确认我要克服的障碍。

在我追求实现目标的过程中，我预期会遇到一些什么障碍？

（1）_____

（2）_____

（3）_____

（4）_____

请将以上各项障碍，以其重要的优先顺序予以编号。

第 8 步：确认我所需要的额外的知识。

我需要去学习什么知识以实现此目标？

_____

如何能获取我所需要的知识？

（1）_____

（2）_____

（3）_____

第 9 步：确认我需要哪些人的帮助。

确认有哪些人、哪些团体、哪些机构，我将会需要他们的协助来完成我的目标。

（1）_____
（2）_____
（3）_____
（4）_____
（5）_____
（6）_____

记住：我的生活中的回收，永远会等于我对他人所提供服务的价值。

第10步：制订一个计划。

列出要实现的目标，所有我必须要做的事情。

接着针对每一件事、每一项活动，设定优先顺序，以及我需要花费多少时间完成哪一件事情，借此我可设定"迷你期限"，来协助我完成总目标。

优先顺序活动事件及所需要时间。

（1）_____
（2）_____
（3）_____
（4）_____
（5）_____
（6）_____

第11步：视觉化与情感化。

以生动的字眼来描述，当我实现目标时，我将体会到的感觉，我将看见的具体成果。

_____

_____

第12步：以坚定的决心支持我的计划。

事先就下定决心，我"绝对不放弃"，坚定的决心就是行动中的自我操练。坚定的决心对个人特质的重要，就好像"碳"元素对钢铁的重要一样。

2. 分解长远目标

"亲爱的同学们,请记住,目标分解的三项基本原则:一是小目标是大目标的条件;二是大目标是小目标的结果;三是小目标的实现之和,一定是大目标的实现。"

那如何对长期目标进行分解呢?下面跟大家介绍两种实用的方法,各位同学可以边看边用,学以致用不在明天,就在此时此刻。

方法1:剥洋葱法

像剥洋葱一样,将大目标分解成若干个小目标,再将每个小目标分解成若干个更小的目标,一直分解下去,直到知道现在该干什么。

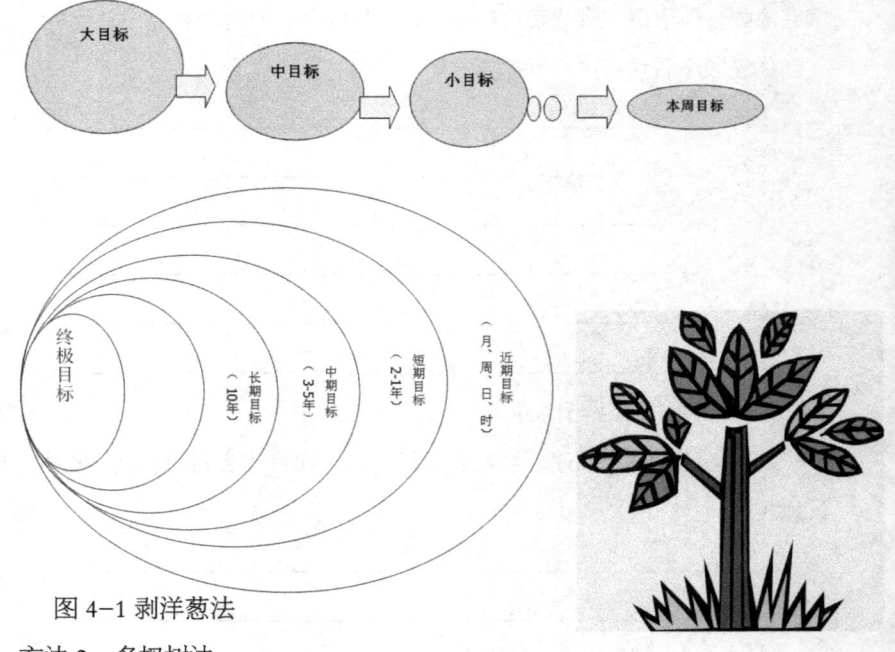

图4-1 剥洋葱法

方法2:多杈树法

树干代表大目标;

每一根树枝代表小目标; 图4-1(a)多杈树法

叶子代表即时的目标，即现在要去做的每一件事。

多杈树的画法

1. 写下一个大目标；
2. 写出实现该目标所有的必要条件及充分条件，作为小目标，即第一层树杈；
3. 写出实现每个小目标所需的必要条件及充分条件，变成第二层树杈；
4. 以此类推，直到画出所有的树叶——即时目标为止，才算完成该目标多杈树的分解；
5. 检查多杈树分解是否充分，即反之从叶子到树枝再到树干，不断检查如果小目标均实现，大目标是否一定会实现，如是则表示分解已实现；如不是则表明所列的条件还不够充分，继续补充被忽略的树枝。

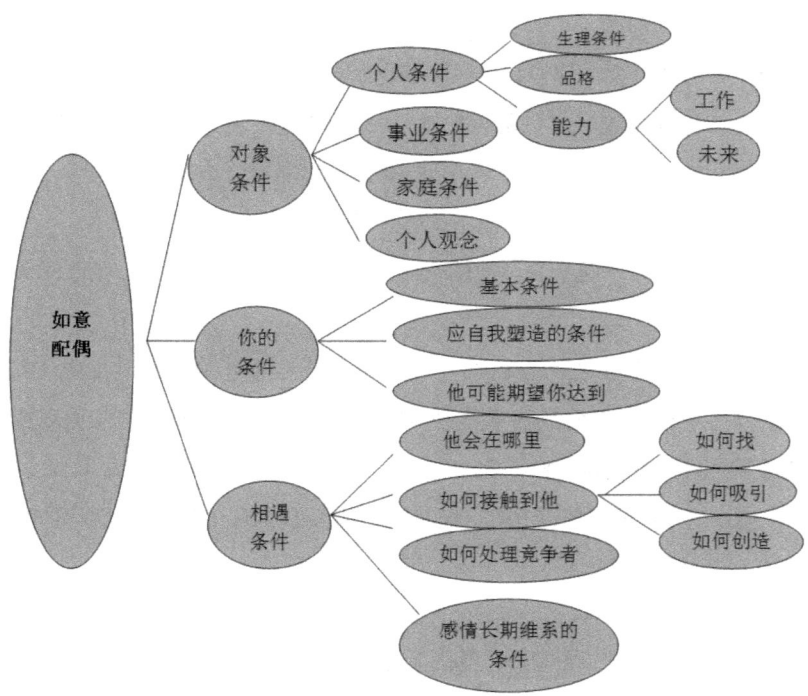

图 4-1（b）多杈树法

试试看，用这两种方法对选定的创业目标或练功计划进行分解，分解到可以操作的程度。

下面是《读者》曾经刊载的作者马敬福所写的一则预言家的故事，这个故事对我们理解目标管理非常有启发，你的时间主要花在哪些地方，将决定你的命运。

美国有一位非常著名的预言家，被人称为"上帝的嘴巴"。有一次，这位预言大师到一所大学做讲座。有两位同学找到他，请他预测一下自己的命运。预言大师说："好的，我向你们提个问题好吗？"两位同学点头说："可以。"

预言大师说："请你们认真考虑一下，如果给你们10分钟时间，这10分钟时间具有无限量的魔法，你们可以随意运用。"

第一位同学想了想说："我希望我的爸爸失忆10分钟，我就可以从他那里拿更多的钱。而对他说，我只拿了一点点。"

第二位同学说："我希望把这10分钟全部用在急需时间的人身上。比如将要被汽车撞到的人，可以利用这10分钟时间躲过汽车；被地震、台风等自然灾害袭击的人们，可以利用这10分钟时间逃生……"

预言大师听了两个同学的回答，点了点头，说："好的，我已经知道你们的命运了。"

然后，他对第一个同学说："你的命运已经很不错了，但要注意节俭，不然晚年很可能会穷困潦倒。"又对第二个同学说，"你现在虽然很艰苦，但将来很可能会成为出色的政治家。"

第一位同学不服气，说："我爸爸是金融大亨，将来我会继承他的财产，晚年怎会穷困潦倒？"

预言大师笑了："这要问你自己。"

后来，预言果然应验了。第一位同学继承父业后不思勤俭经营，终于在一次金融危机中成为穷光蛋，晚年流落街头。而第二位同学一直发愤读书，热心为民众服务，后来当上了总统。他就是美国第39任总统——吉米·卡特。

预言大师之所以预言准确率高，是因为他善于研究事物的发展规律，通过某些细节捕捉到事物的发展趋势。时间就是生命，若干个"10分钟"累加起来，就是一个人命运的轨迹。

换句话说，命运是自己造就的，科学合理地、以自己最满意的标准去运用时间，就能造就出最完美、自己最满意的命运。

第三赛季

Third season

训练 I：外练筋骨皮

第❺课

鲜花为啥插在牛粪上？
XIANHUAWEISHA
CHAZAINIUFENSHANG

销售特训营

知识本身没有力量，知识只有通过反复应用，在解决问题中转化为生产力，才变成一种力量。

首席教官叫孙膑，是一个不苟言笑的人，据说曾经是中国特种部队的模范标兵，参加过好几次国际联合军事演习和反恐活动。

刚进训练营，孙教官就跟大家约法三章："一是不准与外界联系（手机全部上交）；二是训练期间不准回家；三是不准携带任何吃与玩的东西（一经发现，一律没收）。"

孙教官说："从现在开始，你们的身份不再是学生，而是创业销售战士，我们互称为战友。请你们叫我教练。"

我们这帮一直在大学象牙塔里养尊处优的大学生感觉很新鲜，丝毫没有预感到即使开始的生活对我们来说是个不小的挑战，我们沉浸在兴奋之中。

"各位的大学四年即将过去，99度加1度。在接受市场洗礼之前，我们为大家准备了30天特训营，肩负的使命就是实现最后的冲刺，从知识到技能的转变，从技能到习惯的转变，实现自我超越。"

"新兵"们充满好奇地聆听着。

"自我超越不仅仅是想的和过去不一样——从不同的角度思考问题，也不仅仅是做的和过去不一样——采取不同的行为方式，而是转变成一个不同的人——完成价值观和人生态度的转变，以一种崭新的态度和习惯出现在别人面前。"

江山易改，本性难移。陈平有些不相信，30天能改变一个人吗？

"各位战友，你们想不想改变自己的命运，成就丰富多彩的人生？"

"想！"大家稀稀拉拉地应答着。

"到底想不想？"

"想！"学员们的声音稍微大了一些，但还是不齐整。

"到底是想？还是很想？还是非常想？还是想得睡不着觉？"

结果只有少数人答"非常想"，稀疏两三个答"想得睡不着觉"的声音被淹没了。

"大家知道在医学上是如何定义精神病的吗？"

孙教练突然冒出一个这样的问题，学员们大都迷惑不解。这教练怎么又离题啦，典型的跳跃性思维。

"什么叫精神病？就是用同样的方法做事，却希望得到不同的结果。"孙教练设问的目的又是提醒大家注意。

教练把我们比作精神病，韩信感觉有点生气。

"我不是贬低大家的智商，而是想强调一点：你们想改变自己的意愿有多强，将决定你们这30天训练的成效。如果意愿强烈到非改变不可，不改变难受，那么你就会以积极的心态，采取积极的行动，响应各种训练活动。"

孙教练进一步解释，释怀了同学们对精神病的反感，他真是用心良苦。

陈平正在思考着，只听孙教练洪亮的声音又再次响起。

"全体起立！请把你们的左手郑重地放在右胸口，你们中间谁愿意做领读者，他将带领大家一起朗读学员承诺。"

韩信犹豫了片刻，终于鼓起勇气。

"老师，我愿意！"

"很好！那就请你履行职责吧！"

"亲爱的战友们，让我们一起承诺：我决心100%参与，100%投入，100%守时，100%尊重，100%主动。"

开始大家的声音还有点稀稀拉拉，后来渐入佳境，不仅异口同声，而且声音响彻云霄。

看得出，来自不同地方的大学生开始与团队融合。

"没有不同意见的，请坐下；有不同意见的，请站着陈述理由！"孙教练发出了指令。

大家全部坐下，没有人站着。

孙教练露出了一丝难得的笑容。

陈平开始有了被洗脑的感觉，不过是一种让人兴奋的洗脑。

"大家参加百炼成钢销售力特训营，必须讲究投资回报率。你们不仅投入了5800元的金钱，这只是货币成本，你们还付出了时间成本、精神成本和机会成本，作为回报，我们设定为'三个一工程'：树立一种创业精神，养成一种创业习惯，掌握一种销售技能。然而，这种回报，不是我可以单方面给予的，必须有赖于各位全身心的投入和超认真的付出。同学们，你们能做到吗？"

"能！"

"我能，你也能！"

"我现在跟大家分享：如何才能提高培训的效果？"

孙教练打开了笔记本电脑，一张培训"五到"的PPT映入我们的眼帘。

```
        听到 → 学到
                  ↓
        得到     悟到
          ↖   ↙
            做到
```

图 5-1 培训"五到"示意图

"培训要做到'五到':第一,是听到,不仅是用耳朵听,更重要的是用心聆听;第二,是学到,学到老师的精髓;第三,是悟到,要学会举一反三,触类旁通;第四,是做到,知道是一回事,做到是另一回事,销售最本质的东西不是知,而是行,知易行难,知行合一,学以致用;最后才能得到,得到我们想要的东西,包括有形的财富和无形的软实力,比如找到一份好工作,打动了心仪已久的女孩,拿到了一个较大的订单。不过我更看重的是大家经过30天的强化训练后,真正能笑傲江湖!"孙教练的讲话掷地有声。本事是练出来的,不是学出来的。从人类的进化历史来看,人类的各种技能是在劳动中产生的,教育应该回归到本质上来——劳动产生技能。

"欢迎大家来到百炼成钢销售力特训营,我们将一起度过30天之旅,30天在人生的长河中可能微不足道,然而从今天开始的30天将改变你的人生,为成就伟大的人生打下坚实的基础。现在请各位做一个自我介绍,哪位同学先带个头儿?每人30秒时间。"

"我叫韩信,来自京都大学,工商管理专业大三学生。"

"很好!让我们认识了勇敢的韩信,给第一位带头儿的勇士以热烈的掌声!"

客观上讲,韩信的介绍有点平淡,却仍然给了其他同学正面的激励,这种正面激励更是激励着后来者。果然,有人开始跃跃欲试了。

"老师好!我叫李征,唐太宗李世民的李,丞相魏征的征,父母取名希望我以李世民和魏征为榜样,学习他们的人品和志向,成就帝王将相的丰功伟业。

我来自明德大学，学的是计算机专业。"

"好家伙！唐太宗55代子孙都来了，欢迎帝王之后加盟我们的团队。"

同学们都忍不住笑了起来，陌生的人际冰山开始融化，气氛开始活跃。

孙教练用期待的目光扫视教室，谁是第三位勇士？

有一位女孩子有点害羞地站了起来，亭亭玉立的样子，她用富有磁性的北方口音流畅地说道："谢谢老师给我们学习的机会。我叫雷小芳。学习雷锋好榜样，村里有个姑娘叫小芳。"

"现在，我希望你们的自我介绍要各具特色，不仅让人印象深刻，而且特色鲜明。"

"我们要向韩信学勇敢，敢于做第一个站起来的；我们要向李征学幽默，我们很容易就记住了他的名字；我们要向雷小芳学谦虚。"孙教练喝了一口矿泉水，做了一个深呼吸的动作，提高声调说，"在职场上经常需要向人做自我介绍，临时想较难，平时应该精心准备几套介绍方案，以应付不同的场合。"

招兵买马

"同学们，现在你们有两个选择：一是勇敢地站出来招兵买马；二是积极响应别人的号召。"说完，孙教练稍微停了几秒，看同学们的反应。

大家在观望、在犹豫，不知道教练的葫芦里卖的是什么药。

"给你们30秒时间，施政演讲，营销你自己，看有多少同学愿意加入你的团队。招到1个，算你完成100万元的销售任务，给你的基本销售任务是500万元。"

同学们有的低下了头，有的故作沉思状，有的跃跃欲试。

韩信率先快步上台，其他的同学却都迟迟没有行动。

孙教练决定给大家再施加一点压力。

"主动出来承担责任，可能付出代价；但不主动承担责任，你将付出更大的代价。"

教室里沉默了几十秒钟，终于又有一个人勇敢地走上台，是一位男同学。

下面同学们在相互推荐，一阵骚动之后，再次上来了3个人，其中还有两位女同学。

"好啊！女中豪杰，巾帼不让须眉。"

大家对女学员勇敢地走上台，接受挑战，报以热烈的掌声。

"请各位勇士一字排开，给大家一个公平竞争的机会，每个人都用30秒销售自己，大家讲完后，再请同学们'货比三家'，选择加入谁的团队。"

"我叫韩信，我先跟大家讲一个故事：小时候，妹妹感冒了，父亲要我去买10粒糖果，但只允许我吃一粒，我感觉父亲对我太小气，但又不敢多吃一粒，怕父亲打我，于是，我想出一计——对另外9粒糖果进行瘦身运动，打开糖纸，用舌头舔一遍再将它包起来，美美地享受了糖果大餐。回家我把9粒糖果交给父亲，这事做得神不知鬼不觉，正自鸣得意之际，父亲从妹妹的房间里走出来，铁青着脸吼道：'你这不争气的小子，你要是光明正大地多吃一粒，我还不会骂你，没想到你竟然使出诡计，偷偷地把糖果舔了一遍，我最不能容忍的是你弄虚作假的行为。'原来父亲打开糖果时，因为我用舌头舔过一遍，口水粘住了糖果纸，让我自以为天衣无缝的妙计却被父亲一下子就发现了，当时的代价是足足挨了一顿板子。现在的收获却是让我真正明白一个道理：投机取巧的事终究不能长久！这一次我是第一个报名参加销售力特训营的，我就是想在毕业前夕，下点笨功夫，让我能够脱胎换骨，练就真本事！兄弟我在这里张开双臂，热诚欢迎跟我抱着同样想法的战友们加入百炼成钢团队。"

韩信的坦诚赢得了同学们的认同，几十双手演奏出的掌声交响乐已经给他的表现打了高分。

韩信的营销演讲，不仅拉了很多选票，而且也激发了其他选手的激情。

"我叫陈平，学的是财务管理专业。去年暑假期间，我在一家餐馆打工，餐馆老板培训我们时出了这样一道题：'如果上菜时手上托盘不稳，又救之不及，怎么办？'我当时就想，那还能怎么办，只好让它摔到地上。但老板给我们的答案是：用最后一点力量，使托盘掉向远离客人的地方。如果实在无法避开客人，那就优先避开小孩、老人和女人。餐馆老板的一番话让我明白了一个道理：面临无可避免的失败时，选择使损失降到最低的方式。这就是我现在遵循的止损哲学。欣赏'善战者胜，善败者不亡'的同学，请跟我来一起开创雄狮队的精彩未来！"

大家同样报以热烈的掌声。

"现在请同学们以非语言的方式响应他们的号召。"

非语言的方式？同学们好像没有理解，一时半会儿没反应过来。

有人快步走上台，拥抱第一位勇士韩信同学。

紧接着，同学们都明白了是怎么回事，纷纷走上台与招兵买马的勇士握手、拥抱、点头微笑、竖大拇指、拍肩膀、用拳轻轻地打胸部……两位同学都以自己亲身经历的故事开头，不仅引人入胜，而且引人深思，达到了极好的营销效果。

"现在请每个队长清点战果，1个同学响应意味着完成100万元，各队报销售任务完成数。"

"报告教练：百炼成钢队完成700万元。"

"雄狮队完成600万元。"

"每个团队限招4人，现在响应号召的同学必须向队长营销自己，让队长优先选择你。"

同学们面面相觑，你望我，我望你，茫然不知所措。

"我来向队长营销。韩队长，我是第一个上台来拥抱你的胡大海，我很欣赏你的勇气、坦诚和智慧，我虽是最后一个报名的，但我是知道消息最晚，行动却最迅速的。我只是创业学院的大专生，智商可能不如名牌大学的学生，不过我经常以阿甘的'一根筋'激励自己，信奉'说到就要做到'的阿甘精神。我非常渴望加入百炼成钢团队，由衷喜欢百炼成钢这个队名。"

"好！百炼成钢欢迎你！"胡大海的一番表白，显然打动了韩信的心。

每个同学都被迫上阵"贩卖"自己。

游戏规则太残酷了。不管如何,总会有人被淘汰出局。

有几位同学没有被选上,挫折感、自卑感油然而生。

孙教练发现:凡是行动慢的、羞于表达的、词不达意的、自我中心主义的同学都被隔离在团队之外。对于落选的同学以激励为主,不能对其直接批评,以维护他们的面子。与其直白地说出来,不如让他们自己反省,这才是教练的培训技巧。

"我看到了有团队归属的同学的高兴,也看到了落选者的失落与沮丧。我现在请没有团队归属的同学反思一下:为什么没有把自己销售出去?"这是使用SPIN顾问销售技术中的难点问题。

"我觉得没有被选上的原因主要是行动慢了,内心有些恐惧,普通话不标准,害怕说不好。"一个长得很清秀、有点面腆的男同学抢先检讨自己。

"我刚才感觉有点紧张,表达得有些词不达意。"

"我原想自己组建团队,犹豫中就失去了机会;响应别人的号召又心有不甘,最后两头都没顾到,反而让自己很被动。对我来说,这个教训挺深刻的。"

几个同学都在检讨自己的过失,气氛显得有点沉闷。

"反省自己就是进步的开始,好的开始就是成功了一半。我很高兴看到同学们积极参与的热情、勇于改变的意愿、坦然检讨的真诚。请大家给落选的同学以热烈的掌声鼓励,知耻而后勇,落选的同学们你们自组团队,希望你们后来居上!"

落选的几位同学受到了极大的激励,互相击掌发誓。

"现在请大家回到座位上,同一个团队的成员坐到一起,给各位10分钟的时间,完成团队的组建任务和团队合作的第一份工作:团队的组建任务包括团队名称、团队理念、团队目标,选出队长、副队长和参谋长;团队合作的第一份工作则是请大家利用跨国公司创业经理常用的PDCA工作循环图,完成PDCA中的'P'工作,也就是结合我们发给你们的总体训练计划,以5W2H为分析框架制订一份30天的团队和个人训练计划。"

"PDCA 是什么？"

"什么是 5W2H？"

同学们的求知欲被调动起来了，发现自己不知是知的开始。

"我们会陆续跟大家分享创业管理工具，以提高我们的工作效率和解决问题的能力。不过，不是现在分享，先请大家自己独立思考解决问题。"

教练又在吊胃口。

卖出去才是硬道理

10 月，大四的学生基本上不怎么进教室了。

都干啥去了？

地球人都知道，四处奔波找工作！大学生早已不再是"天之骄子"，毕业就是待业。

今年比往年的就业形势更加严峻，学财务的陈平赶了几个场子，发现前来招聘的公司不仅数量大减，而且质量也下降不少。

"我们的运气真好，一毕业就赶上全球经济危机，这可是百年难遇啊。"陈平在心里嘀咕着，跑了很多冤枉路，递了好几打简历，也面试了几家公司，可都是"泥牛入海"无回声。陈平眼看年关已到，年老的爹妈等着儿子找到工作的好消息，可现在却一点着落都没有。几次碰壁之后，陈平越发缺少自信了。为什么四年大学读下来，却没有能力把自己卖出去？还真有点焦急了，家里为了供自己读大学，已经欠了一屁股债，可不能再要老父亲厚着脸皮去借钱啊！

与陈平相比，朱元璋的运气似乎要好得多。凭着大学期间在社团活动中的历练，他小试牛刀，就得到了一个公司的录取机会。只是在朱元璋的心目中，这个给他工作机会的公司名气不大，不是自己理想的职业。尽管学校和舆论都在引导大学生"先就业，再择业"，朱元璋还是希望自己走向社会的第一步起点高一点，拥有一个好的平台，俗话说"站得高，才能看得远"。如果能站在巨人的肩膀上，自己不是可少奋斗几年吗？

应届生找工作有烦恼，往届生的云奇也是吃了上顿没有下顿。去年他从师范学院数学专业毕业后，先是由表哥介绍到一家广告公司做业务，那正是大热天，开始工作的第二天他就差点晕倒在马路边；表哥只好又推荐他到电脑城一家从事IT服务的小公司学点电脑技术，跑到广东想挣点快钱，哪知碰上公司出口订单锐减，老板只好放大家的长假，云奇就这样又回到了家乡，加入到找工作的行列中。在社会上游荡了一年多，还是没有找到感觉，云奇感觉自己一事无成，每月1000多元的工资根本养不活自己，谈恋爱都变得有点奢侈。谈了两年多的女朋友眼看维持"简单再生产"都有点困难，整天少不了埋怨几句："你一个大男人能不能有点出息？"

大学生面临巨大的就业压力，如何解决大学生的创业难题？

这不仅是政府的难题，也是学校的难题，同时也是家长的难题，更是学生自己的难题。

谁能破题？

有市场眼光和商业头脑的人开始琢磨这里面的商机。老板思考的是如何挖掘商机？顾客的烦恼就是商机！

正当学校忙着为学生的就业牵线搭桥之时，明智大学就迎来了一位"及时雨"。

未见其人，先闻其声。

"7天后，有一个演讲值得你期待！"

"创业才是硬道理！"

"如何把自己卖出去？"

"销售改变命运！"

"如何敲开大公司的门？"

"销售力就是能力！"

"食堂门口有一张海报，你可以去看一下。"

这几天，校园里一直进行相关消息的人际传播。

如何成功地销售自己？

一个难以接受的事实：一个学生和他的家庭，投入16年时间和无数金钱"产出"了一个大学毕业生，却找不到"销路"。

毕业等于待业，创业之路难于上青天！

困惑？彷徨？焦虑？压抑？

不在沉默中爆发，就在沉默中灭亡！

大学生，创业之路在何方？

不怨天，不怨地，关键是要学会销售自己！

不管你学的是什么专业，销售自己是第一步；不管你以后从事什么工作，销售工作是起点。

如果100个人抢1个位置！你有信心抢到吗？

如果你愿意全身心投入30天的魔鬼训练，我们就有信心让你成为百里挑一的种子选手！

郑重承诺：无效退款！免费回炉！

学校创业指导中心和学生会特别邀请著名营销实战专家、畅销书《大学生创业训练营》的作者孙膑博士演讲。

题目还有点吸引力，广告方案也有煽动性。晚上7点半，陈平和大多数同学一样抱着半信半疑的态度准时来到国际学术报告厅，哪知很多同学已经捷足先登，把座位给霸占了，看来如今这年代什么事都得抢先出手啊。

"同学们，晚上好！今天我们有幸邀请到我们的杰出校友孙膑回母校传经送宝，孙膑老师不仅是一位知行合一的实干家，而且也是一位中西合璧的理论家。他大学毕业后进入跨国公司从第一线销售人员做起，连续3年成为大中华区销售冠军，8年后被破格提拔为中国区营销总监，带领团队屡创销售奇迹。现在，让我们以最热烈的掌声欢迎他为同学们在寒冷的创业冬季点燃一盏明亮的灯！"

主持人是创业指导中心的老师,今天的介绍言简意赅,水平发挥得有点出乎意料。

"尊敬的老师、亲爱的同学,大家晚上好!回母校演讲既是一种荣誉,又是一种责任。荣誉在于我毕业后取得的些许成就在某种程度上得到了母校的认可;责任在于与各位同学交流我的心得体会必须对大家的成长有所助益。"说完,孙膑老师停顿下来,用目光扫视了全场。

报告厅里鸦雀无声,静静地等待他的演讲。

"同学们,我先请教大家一个生活中的问题——鲜花为什么总是插在牛粪上?"

话音一落,同学们哄堂大笑起来。这位老师的确与众不同,通过一个有趣的问题一下子就抓住了大家的注意力。这是一个同学们经常说的玩笑话,尤其是看到班花被某个小子所俘虏的时候,男生们更是咬牙切齿地用这句话发泄内心的郁闷。

然而,我们却从未细想过其中的缘由:鲜花为什么总是插在牛粪上?这与向老板销售自己又有什么关系呢?

孙膑老师面带微笑,保持沉默,可能是故意不马上作答,让同学们先独立思考。

"因为牛粪有营养。"陈平抢先答道。

"因为鲜花喜欢牛粪的臭气。"樊哙故意调侃道。

"牛粪死皮赖脸。"有人总结道。

"好女怕缠汉。"还有人说道。

报告厅的气氛开始活跃起来,孙膑老师看火候差不多了,开始收网。

"看来同学们是深有体会啊。"一句意味深长的话又把大伙儿逗乐了。

"七字真经"

"我记得在大学毕业的晚会上,我们想请教班主任一个问题:"老师您是如何追到漂亮的师母的?" 班主任沉思片刻,以极其认真的口吻说:'告诉你们七个字:胆大、心细、脸皮厚。'我们埋怨班主任告诉我们这个绝招太晚了,为什么一定要等到我们毕业时才传授武林秘诀呢?哪知班主任却反咬我们一口:'你们以前没有人主动向我请教过啊!'"

"哈哈哈!"老师的幽默又引发出同学们爽朗的笑声。

"我今天就跟大家分享'胆大、心细、脸皮厚'这七字真经,这也是鲜花为什么总是插在牛粪上的答案。"

韩信平时对老师的讲课有点不屑一顾,今晚却感觉很来劲,这位学长的演讲没有故作高深的理论,平易近人又生动形象,让人耳目一新。为了更好地聆听老师的智慧,韩信忍不住往前挤,一直挤到前排找了个位置蹲了下来。

"胆大意味着胆识大,有胆识,胆识对应的英语单词有 courage、bravary、boldness。胆大代表不怕危险困难的精神;敢做敢为无所畏惧的魄力。真正的胆识是有智慧的、有担当的、有正义感的,这样才是真正且成熟的胆识,值得我们去训练。曾有记者采访新希望集团董事长刘永好,请他谈谈为什么他成了中国改革开放后第一个首富?刘永好的回答是'胆识',看记者有点迷惑不解,刘永好进一步解释:'胆识 = 胆识 + 知识。'20 世纪 80 年代初,有知识的大有人在,但大多没有胆识;有胆识的人虽多,却没有知识。"

韩信非常认同。韩信从小就是一个天不怕地不怕的主,小时候就带领小伙伴干一些偷鸡摸狗的事,为此没少挨父亲的打骂。

"情场需要胆识,创业需要胆识,职场需要胆识,商场需要胆识。胆大是成就一切事业的前提。"

"胆大的人也可能是一些为非作歹、无法无天的人,老师对此作何解释?"韩信开始挑战老师的权威。

"问得好！胆识是勇敢的代名词，美国前国务卿鲍威尔阐述什么是勇敢时说，真正的勇敢包括两个含义：一是迎战不应该害怕的任何东西；二是害怕应该害怕的任何东西。"孙膑老师从容接招，巧妙化解。

"胆大中可能包含冒险与冒进，如何区分冒险与冒进两者之间的差别呢？"韩信继续发难。

"这是一个很有水平的问题，能提出这样高水平的问题说明明智大学真是藏龙卧虎啊。我喜欢这种有思想、有见地、有挑战性的问题。我跟同学们打个比方吧，有一个山洞，山洞里有一桶金子，你进去把金子拿了出来。假如那山洞是一个狼洞，你这就是冒险；假如那山洞是一个老虎洞，你这就是冒进。假如那山洞里的只是一捆劈柴，那么，即使那是一个狗洞，你也是冒进。"

同学们明白这个故事的意思吗？

"它的意思是不是说，冒险是你经过努力，有可能得到，而且那东西值得你得到。否则，你只是冒进，死了都不值得。"陈平沉着冷静地回答。

"说得好！同学们一定要分清冒险与冒进的关系，要区分清楚什么是真正的勇敢，什么是无知。无知的冒进只会使事情变得更糟，你的行为将变得毫无意义，并且惹人耻笑。"

"大家知道哥伦布发现新大陆的故事吗？"孙老师发问。

哥伦布发现新大陆，英国女王举行了盛大答谢晚会，感谢他为人类做出的新贡献。但是英国很多贵族不服气，说如果我开了一艘船在地球上走，也可能找到新大陆，因为地球是圆的。

哥伦布说："是吗？"于是，他拿出了一个鸡蛋，"谁能把它立起来？"

贵族们面面相觑，不知如何立这个鸡蛋。

哥伦布把鸡蛋敲碎，立在桌面上。对哥伦布这出其不意的动作，大家有点惊呆了。不过，马上有人缓过神来说道："早知可以敲碎，这有什么难的？"

"难就难在你没有想到，更没有做到。"英国女王一针见血地指出。

……

"胆大不仅要想到,更要能做到。好啦,关于胆大的探讨我们就告一段落。下面我们一起来走进心细之门。"

孙老师问:"男同学们先来回答一个问题:最让女孩子动心的是什么?"

"投其所好!"

"给她花不完的钱。"

"给她介绍个有钱的老公。"

"为她推荐一个好工作。"

男同学们开始七嘴八舌地抢答道。

"就是你知道她,你了解她,你从细微之处关心她:风起的时候,为她披上外衣;生日的时候,你献上玫瑰;不开心的时候,你认真地倾听。"孙老师讲出了他的答案。

女同学听到老师充满诗意的描述,在下面小声议论:哪一个女孩子能抵挡得了这种温柔的攻势?

"要做到心细,你首先得有爱心;其次你得做好功课。善于察言观色,才能投其所好。老板是你的客户,情人是你的客户。要攻心,先要知心。知客户之心,要回答四个问题:客户最关心的是什么?客户最担心的是什么?客户最喜欢的是什么?客户最忌讳的是什么?只有你在他的言谈举止中捕捉到这些,你的谈话才能有的放矢,你的服务才能事半功倍。"孙老师侃侃而谈。

"好啦,下面我们开始训练厚脸皮。我看见很多男同学脸上胡子都长不出来,足见脸皮之厚。"

听到老师的调侃,男同学们下意识地摸了摸自己的下巴,似乎想知道老师讲的是不是自己。

"脸皮厚其实是良好心理素质的代名词。正确认识挫折和失败,有不折不挠的勇气。我们在面试中、生活中、学习中以及业务工作当中,会遭遇很多次失败。但你一定要有耐心,你要相信所有的失败都是为你以后的成功做准备。"

脸皮厚原来是良好心理素质的表现,老师为"脸皮厚"这个平时被大家认为的贬义词平反昭雪了，平时被讥笑为"脸皮厚"的同学简直有种扬眉吐气的感觉。

"你们有兴趣听我讲当年追校花的故事吗？"

"有兴趣！"全场不仅异口同声，而且还报以雷鸣般的掌声。

"应同学们的愿望，那我就把珍藏了16年的陈年老酒拿出来给大家免费品尝。"

"好！"同学们情绪高涨，再次报以热烈的掌声。

"这是一个从1/5到5/5的故事，这也是一个癞蛤蟆吃了天鹅肉的故事。"

1/5到5/5的故事？老师的葫芦里到底卖的是什么药？引发了大家的好奇，而老师用"癞蛤蟆吃了天鹅肉"的自嘲幽默又把大家的嘴都要笑歪了。

"诸位莫急，请听我慢慢道来。"老师是吊足了胃口，卖足了关子。

"大家看见了，本人身高一米六五，属男人中的次品，加之其貌不扬，却打起了校花的主意，被讥为'癞蛤蟆想吃天鹅肉'，确实是恰如其分。"

"同学们经常见面就问：'校花搞定了没有？'第一次我就自信地回答：'到目前为止，已经搞定了1/5。'同学们往往一脸惊讶之情：'这么快就搞定了1/5？'我认真地解释：'要把校花追到手，需要过5关：校花、校花的父亲、校花的母亲、校花的贴心姐妹、我自己。现在我自己这一关已经过了，本人向神父发誓：同意娶校花为妻，无论生老病死、贫穷富有，我都会不离不弃。''真是癞蛤蟆想吃天鹅肉，想得美。'同学们觉得好笑，没有谁当真。之后，同学们见面还是照例问我：'校花搞定了五分之几？'只是把搞定了没有改为五分之几，这个问候语就像中国人见面喜欢问'吃饭了没有？'一样正常。"

"我把2/5的突破口对准校花的贴心姐妹。兵马未动，情报先行。如何才能获取有用的情报呢？经过几天的观察，我发现校花与一个其貌不扬的女同学玩得特别好，总是形影不离。于是，一计上心。暂不惊动目标，而是先瞄准了'校花'玩得最好的女同学，兵法云：'欲射其将，先射其马。'"

"逮住了一个机会，接近对方。就像一位老练的猎手，看准猎物，并不急于出手,而是冷静观察。"

"大人物不好接近,就从其身边最亲近的人下手。长相没有优势的女生,往往没有架子,追求的人不多,一发现有男生追,就备感珍惜。我找到了她的一个老乡,参加了一次他们的老乡聚会,获得了好感,她觉得我是一个与众不同的男孩,我慢慢地得到了她的信任,把她发展成自己的'内线'。我找了一个机会,透露了真实想法,请她帮忙,她真是个好姑娘,为我提供了及时准确的情报,根据她的情报,我制订了详细可行的作战方案。"

这时,下面的同学们起哄:"老师,3/5是如何搞定的?"

"欲知后事如何,请参加百炼成钢销售力特训营。到时本人一定将官方完全解密版分享给大家!"

老师又使钓鱼计,弄得同学们爱恨交加。

"温州人为什么创造了经济的奇迹?"

正当同学们失望之际,老师冷不丁提出这么大一个问题,同学们一脸迷惑。老师其实并没有要大家回答,只是提出问题,引起大家的注意。

"温州人创造经济奇迹的原因,众说纷纭,可谓仁者见仁、智者见智。我研究之后却发现:跟他们的'脸皮厚'有很大关系。"

同学们又忍不住笑了。

老师故意加重了语气,停顿并扫视全场。孙老师是位演讲的高手,很会驾驭会场气氛。

"因为他们不怕碰壁,也不怕别人不给好脸色看,他们心里只有一个念头:不管你怎么看我待我,我就是要赚你的钱。他们用笑脸、用磨破的嘴皮、用磨掉的鞋跟,把他们的产品送到全国各地,也把全国各地的人吸引到温州来。"

老师言之有理。

"这个世界有一千条路,却只有一条能到达终点。你运气好,可能走第一条就成功了,但如果运气不好,你可能要尝试很多次。成功者与失败者的主要区别在哪里?成功者是把学费交在明处,打拼事业之前,先在自己的脑力和心力上投资，练就一身武功再征战市场。商业社会，我们每个人每一天都在销售自己，有些人成功地把自己最好的一面销售给最欣赏的贵人；有些人因缺乏专业的销售技术训练，而错过了无数次的销售机会而不自知。"

老师的演讲再一次被同学们的掌声打断。

"至于心细，可能是一个微不足道的动作，或许就会改变人的一生。"孙老师故意拉长了语气，"下面请大家先研读一段案例，是有关福特公司创始人早期的故事。"

美国福特公司名扬天下，奇迹创造者福特当初进入公司的"敲门砖"竟是"捡废纸"这个简单的动作。

福特刚从大学毕业，他到一家汽车公司应聘，一同应聘的几个人学历都比他高，在其他人面试时，福特感到没有希望了。当他敲门走进董事长办公室时，发现门口地上有一张纸，就很自然地弯腰捡了起来，拿起看了看，原来是一张废纸，又顺手把它扔进了垃圾篓。董事长对这一切都看在眼里。福特刚说了一句话："我是来应聘的福特。"董事长就发出了邀请："很好，很好，福特先生，你已经被我们录用了。"这个让福特感到惊异的决定，实际上源于他那个不经意的动作。

故事说到此处，老师问："同学们看出了什么门道吗？"

"是不是因为福特随手捡起废纸扔进垃圾篓的行为打动了董事长？"

"完全正确！福特的收获看似偶然，实则必然，他下意识的动作出自一种习惯，而习惯的养成来源于他的积极态度。"老师肯定地说。

"现在请同学们全体起立，以最大声、最清晰、最快速的方式朗读著名心理学家、哲学家威廉·詹姆士的一段名言。"

"播下一个行动，你将收获一种习惯；播下一种习惯，你将收获一种性格；播下一种性格，你将收获一种命运。"

听到异口同声的朗读，孙老师显然非常满意，受到同学们士气高涨的激励，孙老师激情进一步被点燃，热情而富有哲理的演讲脱口而出："被科学家用来形象说明混沌理论的'蝴蝶效应',也存在于我们的人生历程中:一次大胆的尝试、一个灿烂的微笑、一个习惯性的动作、一种积极的态度和真诚的服务,都可以成为生命中意想不到的起点,它能带来的远远不只是一点点喜悦和表面上的报酬。"

"最后,感谢同学们的积极参与,希望大家能熟练运用销售武器成功地把自己卖出去,卖个好婆家,卖个好价钱!"

这时,孙老师的助手接过麦克风说:"孙老师是百炼成钢销售力特训营的首席教官,他系统地总结了自己在跨国公司和著名民企12年的销售实战经验,同时借鉴特种兵训练和魔鬼训练方法,整合一支能征惯战的教练团队,只要你们全身心投入,30天将全新打造一个充满战斗力的自我!销售力特训营,让你笑到最后,让你成为真正的赢家!欢迎你们的加入!销售改变命运!改变从现在开始!"

主持人接着说:"感谢孙老师为我们奉献了一道美味佳肴,这道佳肴不仅营养丰富,而且色香味形俱全,让我们胃口大开。好一个'胆大、心细、脸皮厚',这是销售的基本功,也是做人的基本功,它不仅是一种美德、一种智慧,更是一种需要反复训练的技能和习惯。让我们以最热烈的掌声感谢孙老师精彩的演讲!"

"感谢母校提供分享的机会,同时也感谢同学们的积极参与。今天没带什么礼物给大家,胆识对一个人的成功很重要,也是可以培养的,我把相关案例收集整理成《胆识是个宝》作为礼物送给学弟学妹们。"孙老师谦虚地说。

附:《胆识是个宝》

1. 胆识是成功者的基因

2008年4月28日,重庆力帆实业集团董事长、重庆市工商联合会会长、重庆市政协副主席尹明善在重庆大学研究生院国际会议厅为重庆大学学子做主题为《改革开放三十年与民营企业发展、大学生创业、大学生创业生涯规划》的专场报告会。

尹明善说,现在国家为大学生创业提供了良好的环境和政策,但中国大学生创业的比例就北京地区来说是千分之一,创业的人数太少,这不正常。我理想中的自主创业的数字是10%到25%,创业率应该在80%左右。既然有很好的创业环境为什么人数还这么少呢?我认为大学生创业缺少的不是知识而是胆识和勇气。大学中学到的基础知识在工作中够用了,但创业需要的经验与能力大都是在实战中获得的,所以尽早创业很有必要。当问及哪些人会在创业中占优势时,他强调了两点:一是胆识,二是通才。学生干部可能相对来说更适合创业。创业中需要的种种能力和知识靠同学们在平时广泛涉猎、博取才能做到兼通。尹明善在谈到自己的创业经历时说:"我开始创业是在50岁,但我的第一次成功创业却是在13岁的时候。那时候因为家庭成分问题,家里的粮食都被断掉了。我用借来的5毛钱靠卖缝衣针养活了我的母亲,这件事对我的影响非常大。"

【点评】胆识跟遗传基因和成长环境有关,跟随有胆识的人一起创业也是一条捷径。

2. 胆识意味着敢赌

研究发现,成功人士都有赌性。史玉柱当年在深圳开发M-6401桌面排版印刷系统时,身上只剩下4000元钱,他却向《计算机世界》定下了一个8400元的广告版面,唯一的要求就是先刊广告后付钱,期限只有15天。前12天他都分文未进,第13天他收到了3笔汇款,总共是15 820元。两个月以后,他赚到了10万元。史玉柱将10万元又全部投入广告中,4个月后,史玉柱成了百万富翁。要是当时15天过去,史玉柱收来的钱不够付广告费呢?要是《计算机世界》再在报纸上发一个向史玉柱的讨债声明呢?

【点评】老板大都有赌徒的特性,信奉"爱拼才会赢"。创业本身就是一项冒险活动。赌徒最有胆识，敢下注，想赢也敢输，所以，他们最适合创业。科学研究发现，赌徒的心理承受能力远远比普通人强，而创业正是最需要强大心理承受能力的一项活动。

3. 胆识来自自信

很多创业者都有过"惊险一跳"的经历。这一跳成功了，功成名就，白日飞升；要是不成功，就只好凤凰涅槃了。当年婷美集团董事长周枫带人做婷美，一个500万元的项目，做了两年多，花了440万元还是没有做成。眼看钱就没了，合作伙伴都失去了信心，要周枫把这个项目卖了。周枫说，这样好的项目不能卖，要卖也要卖个好价钱。合作伙伴说，这样的项目怎么能卖到那么多钱，要不然你自己把这个项目买下来算了。周枫就花5万元把这个项目买了下来。原来大家一起还有家合伙公司，作为代价，周枫把在这家合伙公司的利益也全部放弃了，据说损失有几千万元。单干的周枫带着23名员工，把自己的房子抵押了，跟几个朋友一共凑了300万元。他把其中5万元存在账上，剩余的钱，他算过，一共可以在北京打两个月的广告。从当年的11月到12月底，他告诉员工，这回做成了咱们就成了，不成，你们把那5万元分了，算是你们的遣散费，我不欠你们的工资。咱们就这样了！这些话把他的员工感动得要哭，当时人人奋勇争先，个个无比卖力，结果婷美成功了。周枫成了亿万富翁，他的许多员工成了千万富翁、百万富翁。

【点评】胆识建立在自信的基础上，自信又来源于不断累积的小胜利。

4. 胆识来自见识

福布斯富豪排行榜中的孙广信在发迹前，只是在乌鲁木齐做一些拼缝之类的小生意。这样的小生意人在商业传统悠久的乌鲁木齐很多。孙广信起家于做酒楼生意。1989年秋季的一天，孙广信听到有一家专做粤菜的广东酒楼的老板因为欠债跑掉了。他跑到那里一看，嗯，这个酒楼不错，地理位置好，门面也不赖，行，可以做，是个机会。当时就借了 67 万元把这个广东酒楼盘了下来，又从广东请来好厨师，进了活海鲜，鱼、虾、鳖、蟹，还有活蛇。此前，孙广信从来没有做过餐饮业，新疆人又吃惯了牛羊肉，对生猛海鲜不感兴趣，感兴趣的人也不敢轻易下箸。头 4 个月亏了 17 万元，亏得孙广信眼睛发直。但他坚持下来，通过猛打广告猛优惠，将客源提了上来。孙广信从酒楼里赚到了钱。中国的酒楼多的是，赚钱的老板都不少，为什么现在只有孙广信出名呢？

因为孙广信没事就在酒楼里观察他的顾客，琢磨他的顾客。有一回，一个客人一下定了一桌 5000 元的酒席，把孙广信吓了一跳。在当时 5000 元可不是一个小数目。他一琢磨，什么人这样有钱，出手这样阔绰？一打听，原来是做石油的。再一打听，乖乖，了不得，原来做石油这么肥，这么来钱呢。孙广信就开始转行做石油。孙广信现在做的是西气东输，连国家都要掂量再三感觉头痛的工程，他都敢做，而且他也有资本做得起。

【点评】孙广信见微知著，从酒楼中的顾客请客花 5000 元这件事上，他通过关注谁这么有钱，发现原来做石油收入这么可观，从而寻找到新的商机，可见处处留心皆学问。

5. 胆大来自预防

凡事预则立，预防胜过治疗。

有位客人到某人家里做客，看见主人家的灶上烟囱是直的，旁边又有很多木材。

客人告诉主人说，烟囱要改曲，木材须移去，否则将来可能会有火灾，主人听了没有做任何表示。

不久，主人家里果然失火，四周的邻居赶紧跑来救火，最后火被扑灭了，于是主人烹羊宰牛，宴请四邻，以酬谢他们救火的功劳，但是并没有请当初建议他将木材移走、烟囱改曲的客人。

有人对主人说："如果当初听了那位先生的话，今天也不用准备筵席，而且没有火灾的损失,现在论功行赏,原先给你建议的人没有被感恩,而救火的人却是座上客,真是很奇怪的事呢!"

主人顿时省悟,赶紧去邀请当初给予建议的那个客人来吃酒。

一般人认为,足以摆平或解决企业经营过程中的各种棘手问题的人,就是优秀的管理者,其实这是有待商榷的,俗话说"预防重于治疗",能防患于未然之前,更胜于治乱于已成之后。由此观之,企业问题的预防者,其实是优于企业问题的解决者。

第❻课
拍马屁是门学问
PAIMAPI
SHIMENXUEWEN

已经好几天了,鬼教授都没有来给大家上课。今天,总算把他老人家给盼来啦,同学们充满着期待,抑制不住兴奋。

鬼教授还是像往常一样,没有什么特别的打扮,穿着休闲装,浑身透着闲情逸致。

鬼教授讲了一个故事:"在酒足饭饱后,国王问大臣:'你们说,世界上什么最难?'大臣回答:'世界上说话最难。'大臣没有说出来的隐含的意思是说话最难,尤其是和国王说话最难。说话容易,但是要把话说到位,非常困难。公司招聘员工时,你的说话水平的高低直接影响你能否被录用。"

鬼教授以历史故事开头,自然引起了大家的兴趣,大家听得兴趣盎然。

接着,鬼教授开始点题——打开你的沟通地图。

营销就是"营造气氛,实现销售"。我们与人打交道,其实就是在营销自己。一开始沟通时,我们就要营造一种轻松快乐的氛围,开始谈话时问一个开放式问题;当发现话题跑偏时可问一个封闭式问题;当发现对方比较紧张时,可问开放式问题,使气氛轻松。

"同学们，我们再来做一个游戏。"

"好！"做游戏，同学们最高兴，因为好玩。

"这是一个有关听与说的游戏，请大家注意用心体验。下面我们来进行角色分配。"

角色分配：

1. 孕妇：怀胎八月

2. 发明家：正在研究新能源（可再生、无污染）汽车

3. 医学专家：经年研究艾滋病的治疗方案，已取得突破性进展

4. 宇航员：即将远征火星，寻找适合人类居住的新星球

5. 生态学家：负责热带雨林抢救工作组

6. 流浪汉

游戏背景：

私人飞机坠落在荒岛上，只有6人存活。这时逃生工具只有一个能容纳一人的橡皮气球吊篮，没有水和食物。

游戏方法：

针对由谁乘坐气球先行离岛的问题，各自陈诉理由。先复述前一人的理由再申述自己的理由。最后，大家根据团队成员复述别人逃生理由的完整性与陈述自身理由充分性判断，自行决定可先行离岛的人。

整个班被分成6个团队，每一个团队7个人，各自操作。

30分钟很快就过去了，大家意犹未尽，争吵不休。

"游戏说明的道理是什么？请各小组的成员一起讨论后再发表意见。"鬼教授示意大家游戏活动到此结束，进入讨论与分享环节。

同学们各抒己见，可谓公说公有理，婆说婆有理。

鬼教授最后总结："不管你的地位多重要，在生死考验的关键时刻，只有认真聆听别人的话，记住别人的想法，这样别人才会相信你，才会让你去求救。"教授加重语气强调，"聆听非常重要。"

鬼教授还根据同学们的表现，评出了好的表达与坏的表达之间的差异。

众所周知，鬼教授是一位沟通大师，更是一位训练沟通技能的好教练，一个游戏就让同学们不得不折服。

鬼教授在屏幕上亮出了一行黑体加粗的字，并要求一个同学朗读。

"有人说我培养了很多沟通的高手，其实高手是练出来的，师父领进门，修行靠自己。"鬼教授道。

"老师，能否把您的沟通秘诀传授给我们？"陈平站起来说道。

"说得好！不过，我没有什么沟通秘诀，要说秘诀吧，沟通最核心的是换位思考，要有同理心。"

"老师您先教我们一点入门功夫吧。"

"鉴于大家急迫的学习心情，我就先给同学们一张沟通地图，掌握了这张沟通地图，你在任何时候都不会迷失方向，犯常识性的沟通错误。"

接着，鬼教授打开一幅自己绘制的地图，上面标明了东南西北四个大方向。

东——提问

南——倾听

西——欣赏

北——建议

"我只从整体上初步介绍一下沟通地图的含义，对沟通地图如何运用的详细介绍，我将请另外的实战型老师跟大家讲解。"

* 提问

提问题要有诀窍。问题分为两种：一种是封闭式的问题；另一种是开放式的问题。封闭式问题的答案只能是是或否，封闭式的问题只应用于准确信息的传递。例如，我们开不开会？只能答开或不开，信息非常明了，而不能问下午开会的情况怎么样。开放性的问题，应用于想了解对方的心态，以及对方对事情的阐述或描述。例如，我们的旅游计划怎么安排？你对近一段工作有哪些看法？你在这种氛围下工作有什么感觉？……每个人都有强烈的倾诉欲望，通过开放式的问题，可让对方敞开心扉、畅所欲言，让他感觉你在关心他，这也是关怀的一种艺术，就是要问寒、问暖、问感受、问困难……

* 倾听

在对方倾诉的时候，尽量不要打断对方说话，大脑思维紧紧跟着他的诉说走，要用脑而不是用耳听，要学会理性的善感。理性的善感就是忧他而忧，乐他而乐，急他所需。这种时候往往要配合眼神和肢体语言，温柔地看着对方的鼻尖，如果明白了对方诉说的内容，要不时地点头示意。必要的时候，用自己的语言，重复对方所说的内容。如：你刚才所说的孤独，是指心灵上的孤独，所以你在人越多的时候，越感到孤独，不知道我对你理解的是否正确(要鼓励对方继续说下去)。

* 欣赏

在倾听中找出对方的优点，给出发自内心的赞叹，做出总结性的高度评价。欣赏使沟通变得轻松愉快，它是良性沟通不可缺少的润滑剂。

* 建议

沟通的目的是达成意见或行为的共识。而建议是没有任何强加的味道，仅仅是比较两种或多种行为所带来的结果，哪个更加完善而优良，供对方自由选择。提出意见时，最忌讳的用语就是"你应该……""你必须……"不论你的建议多么好，与你沟通的对方只要听到这两个词，顿时生厌，产生逆反心理，大多不会采纳你的意见。因为每个人都不愿别人把他当成孩子或低能儿，他们也不是"军人"，随时等着接受"将军"的命令。大多数人听到这两个词时往往这么想："我要怎么做，还要你来告诉我吗……你以为你是谁……"

* 正确使用指南针

第一步，对以前成绩的肯定（赞扬）；

第二步，这次事情如果这样做会有更好的结果（良性改进意见）；

第三步，我相信你如果多加思考，肯定能把这件事做得非常出色（对他的期望与鼓动及暗中施加压力）；

第四步，需要我的帮助随时告诉我（你对他是善意的，为他着想的）。

学会听

【案例】"说服"还是"听服"？

鬼教授把沟通地图的框架讲完后，把接力棒交给了苏秦。苏秦老师以一个案例开始了他的教学。

今年11月公司在南京招聘毕业生时，录用本科生综合排序第一的是南京大学计算机系的李刚同学。这个学生综合素质非常好，既具有坚实的数学基础，又有编程的实际经验。金山公司的求伯君和联想公司总裁柳传志都曾见过他，求伯君力邀加盟，却因为李刚父母不同意而罢休。这次天津招聘的宣传攻势强大，李刚很积极地参与，顺利通过了初试和复试，却迟迟不签三方协议。经询问知道李刚本人实际上虽稍有迟疑，但基本上愿意签，主要因为他父母的反对而放弃。

招聘小组安排我重点做李刚的工作。在带领录用学生去北研所参观的路上，我不时地跟李刚谈心，效果很好。从北研所回来后，李刚本人不再迟疑，但他父母这一关却还是难以通过。他父母调动亲戚纷纷说服李刚，甚至计划从秦皇岛专门来南京说服孩子放弃HW。在我的力促之下，李刚第二天把他家的电话号码告诉了我。当天晚上，我仔细理清了思路，准备回答他父母的各种问题，也准备强力推销HW，于是我拨通了李刚家的电话（时间已由李刚跟我约好）。

接电话的是李刚的母亲，她肯定也早已做好了准备，而且显然心情更迫切。在我刚介绍完自己是谁之后，她就开始系统地、非常合乎逻辑地、像读文稿一般介绍她的宝贝孩子。她讲话非常紧凑,我一点也插不进话,只是偶尔"嗯"一声。从她的讲话之中,我知道这是一个很了不起的母亲,她是下乡知青,错过了上大学的机会,却自修具备了高级职称。孩子是她生命之中最重要的一部分,也是她最骄傲的地方。李刚是她的独生子,虽然人非常聪明,生活能力却很差,从小到大所有重大选择,都是由父母做的。李刚去HW,就是去几千里之外的深圳,她实在舍不得,她只希望孩子去北京工作,离家近。我估计她这样一口气讲了有20分钟左右,我才有说话的机会。我听见她仿佛在抽泣,仿佛HW公司非要夺她所爱,她也知道自己是感情用事,也怕误了孩子的前途。我知道我不能再推销HW了,因为可以听出她从李刚那儿已经知道了很多,也很认同HW产业报国的精神。我很敬佩这位深明大义的母亲,告诉她我刚从南开大学毕业,作为一位师兄,李刚在深圳的生活问题我负完全责任,其他细节问题一带而过。谈话快结束的时候,这位母亲告诉我,她相信HW,也相信我,同意李刚来HW,这让我很意外。

整个过程有30多分钟,而我只说了五六分钟,绝大部分时间是在听这位母亲讲自己的辛苦而又骄傲的经历。李刚后来很感谢,因为我说服了他的母亲。而我其实没有"说服",只是在"听服",这正是卡耐基所教导过的。

思考:如何理解案例中的作者没有"说服"而是"听服"?

苏老师最后点评道:"聆听不是一种被动而是一种积极的行为,它不仅能够帮你收集到更多更准确的信息,同时它能够鼓励和引导对方乐意表达。"

我们原先了解沟通就是要说服对方,原来说服的最高境界是"听服"。同学们心里暗想,高手就是高手,出招就是不一样。

苏老师微笑着示意大家安静下来,笑容可掬的样子让大家感觉很舒服。

"在训练沟通技能之前,我先要了解大家目前的现状与水平,所以,现在请大家配合我做一个沟通风格和沟通水平的测试,以便更好地帮助大家针对性地提升沟通能力。"

【测试】

测试1：沟通风格测试

填写说明：请依据你认为的程度迅速圈选相关的数字

当我与他人沟通时　no　　　　　yes

1. 我说的话通常比其他人多。　　　　　　　　0　1　2　3　4
2. 如果我不同意对方观点，立即反驳。　　　　0　1　2　3　4
3. 我能够将对方所讲的意思重复说出来。　　　0　1　2　3　4
4. 我轻松自然，不斤斤计较对方的态度与语气。0　1　2　3　4
5. 我习惯称赞对方的优点或贡献。　　　　　　0　1　2　3　4
6. 我总是请教对方，希望能学习点东西。　　　0　1　2　3　4
7. 我时常以较大声音插入他人的谈话。　　　　0　1　2　3　4
8. 有争论时，我坚持让对方对其观点做精确解释。　0　1　2　3　4
9. 我喜欢表现出很专心听的态度。　　　　　　0　1　2　3　4
10. 即便对方口齿伶俐，善于争辩，我也不紧张。0　1　2　3　4
11. 我很容易笑。　　　　　　　　　　　　　　0　1　2　3　4
12. 我喜欢对方评论我的观点，以改善自己。　　0　1　2　3　4
13. 我总是要求他人照我的方式做。　　　　　　0　1　2　3　4
14. 我时常要求对方提出其论点的证明。　　　　0　1　2　3　4
15. 我有不清楚之处，一定向对方询问。　　　　0　1　2　3　4
16. 我口齿清晰，不会紧张而影响语句的通顺。　0　1　2　3　4
17. 我总是鼓励、称赞与肯定对方的语调。　　　0　1　2　3　4
18. 我有错误，立即承认与修正。　　　　　　　0　1　2　3　4
19. 我时常企图左右谈话的主题。　　　　　　　0　1　2　3　4
20. 当争论发生后，我不争个输赢，绝不罢休。　0　1　2　3　4

21. 我目视对方，并以各种方式鼓励对方继续说。　0　1　2　3　4
22. 我不喜欢与对方争得面红耳赤。　　　　　　0　1　2　3　4
23. 我不摆架子、不教训人且不倚老卖老。　　　0　1　2　3　4
24. 我说得少听得多，并思考对方论点的深意。　0　1　2　3　4

沟通风格问卷统计方法

将问卷里的每一题目所圈选的数字填入下表的相对格子里。每一个格子左边的数字代表问卷的题目号码。当把所有问题的圈选数字都填入表内格子里后，将每一直行数字相加，分别填入"本行合计"的格子里。然后，再将"本行合计"除以4后，填入最下面一列，以分别代表每种沟通风格的强度。

数据

支配型	争论型	专心型	放松型	亲切型	学习型
1	2	3	4	5	6
7	8	9	10	11	12
13	14	15	16	17	18
19	20	21	22	23	24
本行合计	本行合计	本行合计	本行合计	本行合计	本行合计
÷4	÷4	÷4	÷4	÷4	÷4

测试2：沟通能力测试

每个人都有独特的与人沟通、交流的方式，阅读下面的情境性问题，选择你认为最合适的处理方法，请尽快回答，不要遗漏。

1. 你的上司邀请你共进午餐，回到办公室，你发现你的上司颇为好奇，此时你会：

告诉他详细内容。

不透露蛛丝马迹。

粗略描述，淡化内容的重要性。

2. 当你主持会议时，有一位下属一直以不相干的问题干扰会议，此时你会：

要求所有的下属先别提出问题,直到你把正题讲完。

纵容下去。

告诉该下属在预定的议程之前先别提出其他问题。

3. 当你跟上司正在讨论事情,有人打长途电话来找你,此时你会:

告诉上司的秘书说不在。

接电话,而且该说多久就说多久。

告诉对方你在开会,待会儿再回电话。

4. 有位员工连续四次在周末向你要求他想提早下班,此时你会说:

我不能再容许你早退了,你要顾及他人的想法。

今天不行,下午4点我要开个会。

你对我们相当重要,我需要你的帮助,特别是在周末。

5. 你刚好被聘为某部门主管,你知道还有几个人关注着这个职位,上班的第一天,你会:

个别找人谈话以确认哪几个人有意竞争职位。

忽略这个问题,并认为情绪的波动很快会过去。

把问题记在心上,但立即投入工作,并开始认识每一个人。

6. 有位下属对你说:"有件事我本不应该告诉你的,但你有没有听到……"你会说:

我不想听办公室的流言。

跟公司有关的事我才有兴趣听。

谢谢你告诉我怎么回事,让我知道详情。

说明

0~2分为较低,3~4分为中等,5~6分为较高;分数越高,表明你的沟通技能越好。

良好的沟通能力是处理好人际关系的关键。具有良好的沟通能力可以使你很好地表达自己的思想和情感，获得别人的理解和支持，从而和上级、同事、下属保持良好的关系。沟通技巧较差的人常常会被别人误解，给别人留下不好的印象，甚至无意中对别人造成伤害。

本测验选择了一些在工作中经常会遇到的、比较尴尬的、难于应付的情境，测查你是否能正确地处理这些问题，从而反映你是否了解正确的沟通技能。这些问题看似无足轻重，工作细节往往决定了别人对你的看法和态度。如果你的分数偏低，检查一下你所选择的处理方式会给对方带来什么感受，或使自己处于什么境地。

【技能】

"如何学会听，从小学到大学，我们的老师好像从来不教。"苏老师跟大家对测试结果进行分析讲解后说道，"其实，聆听是一门值得一辈子钻研的学问。"

在高阳的《胡雪岩》一书中，就深刻地描述了善用"同理心"的艺术："于人无损的现成好捡，不然就是抢人家的好处……铜钱银子用得完，得罪一个人要想补救不大容易。"

"聆听是为了理解而不是评论。一边听一边做和聆听无关的一些事情，这都不是设身处地的聆听。当你处于这种状况的时候，就不可能听到准确的信息。当对方处于这种状态的时候，也没有做到设身处地的聆听。"

"下面，我跟大家分享一下聆听的原则、步骤与方法。"

"我们要仔细地听，培养控制力和忍耐力，不要太急于表达自己的意见。"苏老师的语气中透着苦口婆心的味道。

1. 聆听的原则

原则1：聆听者要适应讲话者的风格。每个人发送信息的时候，他说话的音量和语速是不一样的，你要尽可能适应他的风格，尽可能接收他所传达的更多、更全面、更准确的信息。

原则2：聆听不仅仅用耳朵在听，还应该用你的眼睛看。你耳朵听到的仅仅是一些信息，而眼睛看到的是他传递给你的一种思想和情感，因为这是需要更多的肢体语言去传递，所以听是耳朵和眼睛在共同工作。

原则3：首先是要理解对方。听的过程中一定要注意，站在对方的角度去想问题，而不是去评论对方。

原则4：鼓励对方。在听的过程中，看着对方保持目光交流，并且适当地点头示意，表现出有兴趣的聆听。

2. 聆听的步骤
步骤1：准备聆听

先给对方一个信号——我做好准备了，让对方充分的注意；再准备聆听不同的意见，从对方的角度想问题。

步骤2：发出准备聆听的信息

在听之前和对方做一个眼神上的交流，显示你对他非常感兴趣。常用眼神交流，不要东张西望，看着对方。

步骤3：采取积极行动

频繁点头、鼓励对方去说；身体略微地前倾，这种积极的姿态表示你愿意去听，努力在听。这样对方会受到激励，回报给你更多有用的信息。

步骤4：理解对方全部的信息

在沟通中你没有听清楚、没有理解时，应及时告诉对方，请对方重复或者是解释。

3. 同理心聆听

同理心（empathy）是EQ理论的专有名词，是指正确了解他人的感受和情绪，进而做到相互理解、关怀和情感上的融洽。同理心就是将心比心，把当事人换成自己，设身处地去感受他人情绪。

不仅是听，而且努力在理解对方所说的内容，所以用心和脑，站在对方的利益上去听、去理解他，这才是真正的、设身处地的同理心聆听。同理心聆听是为了理解对方，多从对方角度着想：他为什么要这么说？他这么说是为了表达什么样的信息、思想和情感？

当对方和你沟通中，频繁地看表也说明他现在想赶快结束这次沟通，你必须去理解对方：是否对方有急事？可以约好时间下次再谈，对方会非常感激你的通情达理，这样做将为你们的合作建立基础。同理心聆听的运用方法如下：

（1）倾听回应。就是当你在听别人说话的时候，你一定要有一些回应的动作。比如说"好！我也这样认为的""不错"……在听的过程中适当地点头，这就是倾听回应，是积极聆听的一种，也会给对方带来积极的鼓励。

（2）提示问题。就是当你没有听清的时候，要及时去提问。

（3）重复内容。在听完一段话的时候，你要简单地重复一下内容。

（4）归纳总结。在听的过程中，要善于将对方的话进行归纳总结，更好地理解对方的意图，寻找准确的信息。

提示：听比善辩更重要。

苏老师忠实地执行鬼院长制定的"精讲多练"原则，把高度浓缩的技能要点简明扼要地讲解完后，他就开始要大家分组演练。

【演练】
演练1：倾听与回馈
活动目标：

1. 学习人际沟通的基本态度（技巧）——倾听。

2. 体会"倾听"与"回馈"在人际沟通时所产生的效果。

活动程序：

1. 三人一组，未满三人者，则分派到其他组，四人一组。

2. 每组三人（或四人）组员轮流当说话者（一次一人）、倾听者（一次一人）与观察者（一至二人），每人皆须分别扮过三种角色，体会每种角色的立场与感觉。

3. 三种角色的任务如下：

说话者：在5分钟内主动引发各种话题。

倾听者：只扮演听与响应的角色，不主动引发任何话题。

观察者：不介入说话者与倾听者的对话，只负责观察两人的对话情形。

4. 事后讨论：每人皆扮过三种角色后，小组成员做经验分享的活动，说话者与倾听者分享彼此的感觉，观察者则说出所观察到的情形。

活动时间：需25~30分钟。

备注：在人际沟通中，并不只是把自己的意见、想法表达出来，更重要的是也要用心听对方所传达的信息，如此才能真正达到双向沟通的目的。这种倾听能力，是一种基本的沟通态度，也是一种可训练学习得到的技巧。

演练2：沟通与回应

活动目的：通过"沟通与回应"活动体验学习聆听、关注、眼神的接触。

活动时间：60分钟。

活动规则：

将学员分成A.B组，然后请A组到前面来先看规定的内容"请给你的拍档讲述一件最近三个月令你特别高兴或有意思的事情"，此时B组不能看A组的内容，并站到与A组距离相反且较远的方向。当A组看清楚规定内容，请其站到B组的位置，B组到前面看规定的内容"当你的拍档讲话时，你要用心去听，并且用眼睛关注他，主动热情地去回应，与其分享拍档的讲话内容"。B组看后，迅速找到拍档来进行规定的内容。（全过程15分钟，交流时间5分钟）

请B组成员到前面看规定的内容"与你的拍档讲述最近三个月令你高兴并有意思的事情"。要求同上。然后请A组成员看规定的内容"当你的拍档与你讲话时，你不要去同他讲话，并且要不时地观看别的地方，看看手机，做些不相干的动作"。然后找到拍档进行规定的内容。（全过程15分钟，交流时间5分钟）

注意事项：

两组成员不许相互告之所看到的内容，并且两组成员分别看内容时不许讲话，保持安静。

活动分享：

1. 在活动过程中，你的感受是什么？
2. 根据你在本活动中的体验，有效沟通的要诀何在？
3. 试举出一个在工作中出现的案例，说明沟通行不通的地方。为什么会这样？
4. 站在一个负责任的角度去看，有哪些行动可以令沟通更有效？
5. 倾听与关注的重要性？
6. 分享繁体字的"听"。

演练3：用care方式，学习聆听技巧

聆听：表达出"想要听"的诚意；"听"出对方表达的内容、心情、感觉和言外之意。

1. 集中精力：

尽力排除内心或外部的干扰，别人说的时候不要去想自己下一步该说什么，或寻找一个空隙插话，要集中注意力于说话人所说的内容。

2. 回应：

声音

表情

动作

3. 重复说明：

总结内容，表示你对他所说内容的重视，同时也能表示对他所说的话是否理解。

4. 设身处地：表现出你能了解他的感受。

懂得问

苏老师把聆听技术倾心相授后，又把教练之棒传给了同门师兄弟张仪手上。

"要想钓到鱼，就要知道鱼喜欢吃什么。完成任何工作，离不开与他人进行沟通。在中国文化里叫商量，西方文化里叫沟通。沟是手段，通才是目的。要想达到通过'沟'到'通'的目的，就先要了解对方的需求是什么，需求就是对方喜欢什么、关心什么、想达到什么样的目的，先满足对方的需求，与此同时达到自己的目标，才能达成一个共识。要了解别人的关注点，提问是一个很好的工具。沟通这位'良母'有三个'儿子'，分别叫：问、听、说。'问'是老大，它扮演着非常重要的一种沟通作用，因为'问'可以帮助我们了解更多更准确的信息。开始时会提问，结束时会提问：你还有什么不明白的地方？提问在沟通中用得非常多，'问'能够帮我们去控制沟通的方向、控制谈话的方向。"

张仪老师不愧是纵横驰骋江湖数十年才建功立业的实战高手，出手不凡。

【技能】
"问"的六种兵器

适用于任何场合的六种提问方式。试着使用这些提问方法来探查对方。

1. 开放式问题——当你希望获得一个较长的回答时。

"请跟我谈谈你所受的教育。"

2. 封闭式提问——当你希望得到一个简明扼要的答案时。

"你可以在这个月的1日开始上班吗？"

3. 正面询问——当你希望了解应试者的真实倾向时。

"你希望做一个创造性的思考者，还是做一个刻苦工作的人？"

4. 负面询问——当你希望判断应试者的优先选择时。

"你是希望推迟会议呢，还是在没有准备好资料的情况下按时召开会议呢？"

5. 假设式提问——当你希望测试应试者的处事能力时。

"假设现在你有两个重要的任务——比如说一个是做预算，一个是做计划，你会选择先做哪一个呢？"

6. 确认式提问——当你希望确认，然后继续进行下一个问题的时候，或者当你希望进行多方求证的时候。

"那么，你已经在这一行中工作两年了？"

2SPIN 顾问式提问

S－背景问题 (Situation Question)

挖掘客户现有背景

背景信息：

请您简单地告诉我您喜欢的产品和服务？

这一类型的产品/服务对您有何影响？

隔多久打理一次?

您家里常住人口有几个?

你们有多少员工?

去年的销量有多大?

决策层信息:

购买决策是如何做出的?

对于这项产品的支出,哪些人有表决权?

决定购买的标准有哪些?

当您在购买这个产品时,您最看重什么?

最晚何时必须做出决定?

S－问背景问题的要点:

1. 它是很有必要提的问题,它是销售的基础。

2. 不要问得太多,否则获胜的机会就小。

3. 我们问背景问题比自己意识到的要多。

4. SPIN 问题中效力最小的一个。

解决办法:事先做好准备,去除不必要的背景问题。

P－难点问题 (Problem Question)

引导客户认识隐含需求:

1. 重新招聘技术熟练的人难吗?

2. 业绩好的销售人员多吗?

3. 业务高手提拔为销售经理时,他们胜任程度如何?

4. 你对现有的产品有什么不满意的地方?

5. 是什么阻碍你实现营销目标的?

6. 你正面临着什么问题?

P－问难点问题的要点：

1. 比背景问题更有效，更能影响客户。

2. 当销售顾问越来越有经验时，就会问更多的难点问题。

3. 难点问题的提出，将会把客户的问题、困难和不满与你的产品解决方案联系起来。

I － 暗示问题 (Implication Question)

放大客户需求的迫切程度：

1. 没有经过有效训练的销售人员会带来什么负面影响？

2. 激励方式单一会导致什么结果？

3. 这些问题对你的竞争地位有什么影响？

4. 那会导致你成本的增加吗？

5. 这个问题对销售人员的士气有什么影响？

I －问暗示问题的要点：

1. 暗示问题是所有问题中最有力量的。

2. 暗示问题可以帮助客户看到问题的严重程度。

3. 销售顾问要学会引而不发，对答案秘而不宣。

4. 暗示问题目的在于介绍产品前，先让客户感觉痛苦，进而造成一种强烈的需求。

N － 价值问题 (Need-payoff Question)：

揭示你的对策对客户的价值。

N －需求－利益问题举例：

1. 如果我们能训练销售人员遵循正确的销售流程，这对你们有帮助吗？
2. 假如我们能让更多的销售人员掌握销售冠军的成功做法，有兴趣吗？
3. 为什么解决这个问题很重要？
4. 这个方案对其他部门有帮助吗？
5. 如果我们可以把这项操作的速度提高20%，那么你可以节约多少钱？

N－需求－利益问题

支招：问暗示问题的方法。

针对这些原因，参照下面格式，问暗示问题：

"如果……它会对你的……有什么影响？"

如果这种新产品推出延误了，它会对你的竞争地位有什么影响？

你的修订程序特别慢，对你出色的设计师有什么影响？

如果竞争对手采用一种较快的修订程序，这会有什么影响？

1. 价值问题特别注重解决问题的方案。
2. 客户把价值问题应用很多的会谈称为积极的、建设性的、有意义的会谈。
3. 价值问题是暗示问题的一种积极问法。
4. 如果客户现在的系统有不可靠的问题，有两种问法来开发客户的需求：

（1）暗示问题：

"这种不可靠性造成的浪费有可能增加你的成本吗？"（关注问题的负面影响）

（2）价值问题：

"如果有更高的可靠性，是不是会减少浪费并且降低成本？"（关注方案的正面影响）

价值问题可以使客户告诉你，你的产品解决方案可以为他提供的利益。

比较两种说法：

小王："我们速度更快的设备可以帮助您减轻目前生产的瓶颈问题。"

小李："如果提供速度更快一点的设备会如何帮助您呢？"

客户告诉你速度更快的设备可以解决瓶颈问题，这将大大提高你对客户的影响力。

让客户自己说出你要说的话！

【实战】

1. 请你进行一次陌生拜访，重点了解客户以下四个方面的问题：

客户最关心的是什么？

客户最担心的是什么？

客户最满意的是什么？

客户最忌讳的是什么？

只有你在他的言谈举止中捕捉到这些，你的谈话才能有的放矢，你的服务才能事半功倍。

2. 为公司产品设计暗示问题。

如果你有一个针对客户问题的产品解决方案，但客户不理解。

请你想出3个说服客户的理由，并把理由转化成暗示问题。

（1）如果你们使用锂电池，在运营中出现安全事故，将会对您公司造成多大的负面影响？

（2）如果您公司现在就推出产品，对您占领市场有何影响？

（3）如果泡沫镍的密度均一性偏差太大，会对您的生产造成什么样的影响？

提示：转化成暗示问题，引导客户思考，让客户自己说服自己。

3. 请学员分析顾客突然变脸的原因，并设计回访电话的沟通台词。

假如你是比亚迪汽车的一名销售顾问。有一天下午，一名顾客西装革履、神采飞扬地走进店里。你凭借自己以往的经验判断，这名顾客一定会买下车子。于是，你热情地接待了这个顾客，并为对方介绍不同型号的车子，还解说了车子的性能。顾客听着你的介绍，频频微笑点头。然后，两人一起向办公室走去，准备办理手续。

出乎意料的是，这位顾客在由展示厅到办公室不足3分钟的时间内，突然莫名其妙地发起脾气来，最后竟然拂袖离去。

顾客为什么突然变脸？

你百思不得其解。你是那种在哪里跌倒就从哪里爬起来的主儿，这也是你业绩超人的重要原因之一。当晚，你就按名片拨了那位顾客的电话。

4. 什么样的领导能赢得部属的心？

有一次，松下幸之助在一家餐厅招待客人，一行六个人都点了牛排。等六个人都吃完主食，松下让助理去请烹调牛排的主厨过来，他还特别强调："不要找经理，找主厨。"助理注意到，松下的牛排只吃了一半，心想一会儿的场面可能会很尴尬。

主厨来时很紧张，因为他知道请自己过来的客人来头很大。"是不是有什么问题？"主厨紧张地问。"烹调牛排，对你已不成问题，"松下说，"但是我只能吃一半。原因不在于厨艺，牛排真的很好吃，但我已80岁了，胃口大不如前。"

主厨与其他五位用餐者困惑得面面相觑，大家过了好一会儿才明白怎么一回事。"我想当面和你谈，是因为我担心，你看到吃了一半的牛排被送回厨房，心里会难过。"

如果你是那位主厨，听到松下先生如此说明，会有什么感受？是不是觉得备受尊重？客人在旁听见松下如此说，更佩服松下的人格并更喜欢与他做生意。

又有一次，松下对一位部门经理说："我个人要做很多决定，并要批准他人的很多决定。实际上只有 40% 的决策是我真正认同的，余下的 60% 是我有所保留的，或我觉得过得去的。"

经理觉得很惊讶，假使松下不同意的事，他大可一口否决就行了。

"你不可以对任何事都说不，对于那些你认为算是过得去的计划，你大可在实行过程中指导他们，使他们重新回到你所预期的轨迹。我想一个领导人有时应该接受他不喜欢的事，因为任何人都不喜欢被否定。"

松下的领导风格以骂人出名，但是也以最会栽培人才而出名，这两个不同的形象，就是透过真诚与关怀而整合在一起的。

5. 情景训练

学会站在对方角度思考：

＊趣味游戏：猜五官

＊假设你是一个 3 岁小孩的父母，你的孩子生病了需要打吊针，针管插在孩子的胳膊上，孩子一直哭着，这个时候，你怎么让孩子不哭呢？

A. 拜托你不要哭好不好，医院的人都被你吵得受不了了。

B. 妈妈抱你，听话啊。等一下我买玩具给你啊。

C. 你再哭，病就好不了啦！

D. 你不哭，我就去买好吃的麦当劳给你，好不好？

E. 你一直哭，那么大声，被隔壁警察听到了，就麻烦啦！

……

讨论：你会怎样做？

学会专心听对方说话，让对方觉得被尊重。

＊开放式情景对话：

男：小姐，今晚你有空吗？

女：没空！

男：为什么没空？

女：约人了！

男：约谁了？

女：你管不着！

男：摆什么臭架子！

女扬长而去……

请你重新设计对话台词。

学会正确辨识对方情绪。

＊在深圳飞往天津的途中

人物：

· 看报纸的男士（45岁左右，穿着休闲服装）

· 正在看窗外的男士（28岁左右，西装革履）

· 四处张望的老婆婆（60岁左右，好像第一次坐飞机）

· 刚吃完餐点准备休息的小姐（24岁左右，看起来心情不错）

任务：你是空姐，公司正在推行一项"顾客满意程度"调查，你的任务就是通过和乘客进行交流，想办法让乘客填写一份有效意见调查表。

学会正确解读对方说话含义。

【案例讨论】

你的同事刘钰，是个很优秀的销售代表，在公司业绩领先。但他最近有点消沉。下班以后，在办公室，他找你聊天。

情境一：

刘钰说："我用了整整一周的时间做这个客户,但客户的销售量还是不高。"刘钰的意思是（　　）

A. 抱怨

B. 无奈

C. 表达感受

D. 征求建议

E. 希望指导

当对方仅仅是向你抱怨的时候，你就注意不要给对方指导的建议。他其实自己知道怎么做，就只是想发泄一下而已。这个时候他需要一个很好的倾听者，你只要听着就可以了，适当的时候也可以发表一些无关痛痒的抱怨。

情境二：

刘钰说："嗨，我用了整整一周的时间，做这个客户，也不知道怎么搞的，客户的销售量还是不高。"刘钰的意思是（　　）

A. 抱怨

B. 无奈

C. 表达感受

D. 征求建议

E. 希望指导

当对方感到无奈的时候，可能对客户的能力有怀疑。可能需要和你分析一下客户的实际情况和公司的策略，这个时候你只要安慰和一起分析就可以了。

情境三：

刘钰说："看来是麻烦了，我用了整整一周的时间做这个客户，客户的销

量还是不高。"刘钰的意思是（　　）

A. 抱怨

B. 无奈

C. 表达感受

D. 征求建议

E. 希望指导

这样的说法，可能对方是想放弃这个客户了，可能他已经有备选客户了。当对方想切换客户时，可能是对直接切换的信心不足，需要你给他鼓励。这个时候你只要鼓励他，并分享你曾经切换客户的经验就可以了。

情境四：

"说来也奇怪，我用了一周的时间做这个客户，销量还是不高。"刘钰的意思是（　　）

A. 抱怨

B. 无奈

C. 表达感受

D. 征求建议

E. 希望指导

可能刘钰想从你这里得到建议，希望和你探讨一下，怎样做这个客户。当对方是真正向你寻求帮助的时候，你可以和他一起来分析这个市场的情况，给出你的建议。但是要说明，仅仅是你的建议而已。

会欣赏

同学们觉得张老师的课讲得太精彩，强烈要求学院给张老师多安排一点课。院长倡导的是以学员为中心的理念，鼓励学员"吃点菜"。

于是，张老师再一次被邀请来给同学们上训练课。

只见张老师一句话也不说，只在白板上写下"PMP"，大家有点莫名其妙。

"推销产品要针对顾客的心，不要针对顾客的头。"张老师神秘地微笑着，说出了这堂课的第一句话，但它跟"PMP"有啥关系呢？真让人纳闷。

"老师，PMP 是啥意思？"有同学实在没耐心了。

"你们是我见到的大学生中最独特的，也是成长速度最快的，别看你们还是大一的学生，可已经具有大三学生的心智了，真的不简单啊，我为你们感到骄傲。"张老师突然的一番话让同学们受宠若惊，掌声雷动。

"老师刚才的话，大家听了高不高兴？"张老师不动声色地问。

"高兴！非常高兴！"

"这就是 PMP 的神奇功效。"

"啊，我知道了，PMP 就是'拍马屁'的拼音缩写。"有悟性的同学已经明白老师口中 PMP 的含义。

"这位说对了！PMP 的俗名叫'拍马屁'，学名叫'欣赏'。"

欣赏是发自内心的对于美好事物表示肯定的一种表达。

懂得欣赏别人，才能发现别人更多的优点，才能从他们身上汲取提升自己的能量。学会发现别人优点的关键在于要有一颗公平之心，欣赏别人应该是真心的、不带偏见的。有一个词在国外使用频率非常高——"Congratulation"（祝贺），这个词很长，但是他们说得很熟练，他们家人之间、朋友之间、同事之间，因为一点小成绩、一点小进步就祝贺，为什么祝贺？因为他们能发现有可祝贺的事情，他们眼中有美，他们眼中有对家人、朋友、同事的关爱。

"我们接下来听一个关于经商天才胡雪岩的故事，品味一下这个高帽子戏法到底如何玩？什么样的拍马屁才是达到了炉火纯青的境界。"

【故事】胡雪岩取悦左宗棠

"我在想，大人也是只晓得做事、从不把功名富贵放在心上的人。"胡雪岩说，"照我看，跟现在有一位大人物，性情正好相反。"

前半段话，恭维得恰到好处，对于后面一句话，左宗棠自然特感关切，探身说道："请教！"

"大人跟江苏李中丞正好相反。李中丞会做官，大人会做事。"胡雪岩又说，"大人也不是不会做官，只不过不屑于做官而已。"

"啊，痛快，痛快！"左宗棠仰着脸，摇着头说，是一副遇见了知音的神情。

胡雪岩见好即收，不再奉上高帽子，反而谦虚一句："我是信口胡说，在大人面前放肆。"

"老兄，"左宗棠正色说，"你不要妄自菲薄，依我看满朝朱紫贵，及得上老兄见识的，实在不多。你大号是哪两个字？"

"草字雪岩。风雪的雪，岩壑的岩。"

"雪岩兄，"左宗棠说，"你这几年想必一直在上海，李少荃的作为，必然深知，你倒拿我跟他比一比看。"

"这……"胡雪岩问道，"比哪一方面？"

"比比我们的成就。"

"是！"胡雪岩想了一下答，"李中丞克复苏州，当然是一大功，不过，因人成事，比不上大人孤军奋战，来得难能可贵。"

"这，总算是一句公道话。"左宗棠说，"我吃的亏有两种，第一是地方不如他好，第二是人才不如他多。"

"是的。"胡雪岩深深点头，"李中丞也算会用人的。"

"那么，我有句很冒昧的话请教，以你的大才，以你在王中丞那里的业绩，他倒没有起延揽之意？"

"有过的。我不能去！"

"为什么？"

"第一，李中丞对王公有成见，我还为他所用，也太没有志气；第二，我是浙江人，我要为浙江出力，何况我还有王中丞委托我未了的公事，就是这买米的款子，总要有交代。"

"难得，难得，雪岩兄，你真有信用。"左宗棠说到这里，喊一声，"来呀！留胡大人吃便饭。"照官场中的规矩，长官对属下有这样的表示，听差便得做两件事：第一件是请客人更换便衣，第二件是请客人移步到花厅甚至"上房"中去。（选自高阳《红顶商人胡雪岩》）

"胡雪岩是如何取悦左宗棠的？"张老师布置了思考讨论题。

同学们开始分组讨论，你一语我一言，大家争论得很激烈。

轮到老师请各组代表发表观点时，陈平第一个站起来说道："我们的总结就是一句话：胡雪岩很会PMP。"学以致用，陈平把老师对"欣赏"形象比喻为PMP及时予以运用。

看同学们讲得差不多了，老师开始了高屋建瓴式的点评："欣赏是人们的一种心理需要，是对他人敬重的一种表现。恰当的欣赏别人，会给人以舒适感，同时也会改善与下属的人际关系。所以，在沟通中，我们必须掌握欣赏他人的技能。被欣赏的人宁愿做出惊人的努力，也不愿让你失望。欣赏能使他人满足自我的需求。心理学家马斯洛认为，荣誉和成就感是人的高层次的需求。"

"现在是开心一刻时间，看看谁是马屁精？"

同学们听到这儿情不自禁地笑了。

【测试】你的马屁精指数有多少？

要让对方心花怒放之外，还要消弭其他人对你的敌视。想知道你拍马屁的指数有多高吗？你去打工赚钱。面试时，当对方问你想工作的理由时，你会怎么回答呢？

A. 我觉得能在这么棒的店里工作，真是太幸福了。

B. 我想让这家店扩大规模。

C. 我只想来赚钱而已。

"A、B、C中的哪一个回答更像马屁精呢？答案显而易见，老师就不在这里多说了。"

欣赏四要

欣赏态度要真诚。每个人都珍视真心诚意，它是人际沟通中最重要的尺度。英国专门研究社会关系的卡斯利博士曾说过："大多数人选择朋友都是以对方是否出于真诚而决定的"。如果你在与下属交往时不是真心诚意，那么要与他建立良好的人际关系是不可能的。所以在欣赏下属时，你必须确认你欣赏的人的确有此优点，并且要有充分的理由去欣赏他。

欣赏内容要具体。欣赏要依据具体的事实评价，除了用广泛的用语如："你很棒！""你表现得很好！""你不错！"最好要加上具体事实的评价。例如："你的调查报告中关于技术服务人员提升服务品质的建议，是一个能针对目前问题解决的好方法，谢谢你提出对公司这么有用的办法。""你处理这次客户投诉的态度非常好，自始至终婉转、诚恳，并针对问题解决，你的做法正是我们期望员工学习的标准典范。"

欣赏场合要适当。在众人面前欣赏员工，对被欣赏的人而言，当然受到的鼓励是最大的，这是一个欣赏员工的好方式；但是你采用这种方式时要特别慎重，因为被欣赏的人表现若不是能得到大家客观的认同，其他员工难免会有不满的情绪。因此，公开欣赏最好是能被大家认同及公正评价的事项。例如：业务竞赛的前三名、获得社会大众认同的义举、对公司做出重大的贡献、在公司服务25年的资深员工……这些值得公开欣赏的行为都是公平公开竞争下产生的，或是已被社会大众或公司全体员工认同的。

欣赏方式要间接。间接欣赏就是借第三者的话来欣赏对方，这样比直接欣赏对方的效果往往要好。比如你见到你下属的业务员，对他说："前两天我和刘总经理谈起你，他很欣赏你接待客户的方法，你对客户的热心与细致值得大家学习。好好努力，别辜负他对你的期望。"

无论事实是否真的如此，反正你的业务员是不会去调查是否属实的，但他对你的感激肯定会超乎你的想象。

间接欣赏的另一种方式就是在当事人不在场的时候欣赏，这种方式有时比当面欣赏所起的作用更大。一般来说，背后的欣赏都能传达到本人，这除了能起到欣赏的激励作用外，更能让被欣赏者感到你对他的欣赏是诚挚的，因而更能加强欣赏的效果。

【演练】

1. 把欣赏的名言牢记在心

下面是关于欣赏的名言，请你把它们写在笔记本上、床头、办公桌等随处可见的地方，每天背诵它们、运用它们，并成为习惯。

（1）欣赏一种有益行为的最佳时间，就是看准那种行为正在向高潮发展的时候，大声地表达出来。每当你要欣赏一个人的时候，一定要注意发生了什么。

（2）你欣赏一个人的思想、观念、行为，至少要在三个不同的时间、空间、人物上去进一步扩大他、追加他，你才会收到最佳的效果。仅仅一句欣赏，很快会随风而逝。因为人是一种健忘的动物，是需要时时提醒的动物。欣赏呢？也一样，它需要年年赞、月月赞、日日赞。面对欣赏，人人都是贪得无厌的家伙。

（3）如果你期望别人不能拒绝你，那么，最有效的方式就是一对一地当面欣赏。在一对一的情况下，全身心地欣赏对方，通常我们就会感觉到，在这个世界上，有我和他存在，世界就属于我和他，此时的欣赏最容易进入对方的频道。

（4）欣赏是相对的，当你给别人喷香水时，先闻到香气的一定是你；当当你给别人泼脏水时，同样也会先脏了你的手脚。

（5）聪明人从不评论别人的虚荣心，而是想尽一切办法去满足他。管理人、控制人，有时实际上并不是直接的控制人，而是去挖掘分析或他人的虚荣心，然后去满足他。

（6）愚蠢的人总是当面指责别人，埋怨别人；更愚蠢的人是在背后去指责别人，贬低别人；聪明的人总是当面欣赏别人，肯定别人；更聪明的人总是在背后去欣赏别人，肯定别人。

（7）你千万要记住，没有人不爱被欣赏。他不爱，必定是他不爱你的欣赏方法和技巧。

（8）千万别指责别人的错误，指责别人的错误，其实就是否定他人的智慧、否定他人的尊严、否定他人的人格、否定他人的自信。而欣赏却不会发生这一系列的问题。

（9）世界上的人都在追求第一、最强、最有能力、最漂亮、最优秀等，而真正做到的只是极少数人。那么，对待绝大多数人又怎样来满足他们的虚荣心平衡呢？只有一种办法，那就是去欣赏他！

（10）人只有在心情好的时候才会分析道理。可惜，这个社会心情极好的人却少之又少。所以，你要想迅速控制一个人，唯一有效的方式就是先用情感带入他，然后左右他。

2. 结对欣赏

两个同学为一对，互相寻找对方值得你欣赏的地方。

3. 请你给上司一点"快感"

任一官半职的人，坐在位置上，总想问一问下属："和前任比，我怎么样？"其实，他内心早知"人走茶凉"，他的前任"自然不如他"，但他还是要从下属的嘴里听到赞美，得到那点"快感"。这就是为官者的心理，甚至贵为"真龙天子"的皇帝，也需要类似的"快感"。

在一次闲暇的时候，汉桓帝故作平静地问跟在身边的爰延："你觉得，我是什么样的皇帝？"——和所有的前任比一比。

让人慨叹的是，这个爱延竟不"油"，他对汉桓帝说："您呀，是汉室可上可下的皇帝！"

"为何这样说？"

"您让陈蕃主持大事国家就会大治，您让太监们主持大事国家就会大乱，所以说您可以行善事，也可以行恶事！"

"快感"不仅没有得到，汉桓帝反而被迫要做一个"选择题"——"为善"抑或"为恶"？

汉桓帝升了爱延的官，然后把他晾在一边。同时继续重用宦官，导致朝政腐败，国势衰弱。

汉桓帝没从下属口里得到"快感"，继任的汉灵帝也一样运气不佳。

坐上皇帝的宝座，汉灵帝不与其他人比，就与他前任的汉桓帝比。

他问身边的杨奇："跟桓帝比，我怎么样？"

同样让人慨叹，杨奇也不"油"。

他说："您和桓帝比的话，就好像虞舜和唐尧比德行！"这话尖刻着呢——您老和汉桓帝难分伯仲罢了！

汉灵帝没得到自己想要的，只好悻悻地骂了一句："你的脖子也倒硬……将来死后该招得老鹰来！"

骂归骂，汉灵帝终究与前任一样，没能从有气节的杨奇那里，得到哪怕仅仅是一瞬间的"快感"。

巧建议

张仪能同时为6家不同的公司提供顾问服务，可不是浪得虚名。沟通地图虽只讲了东南西三方，就已经让大家受益匪浅。

不过，沟通的道理是懂了，要掌握张老师的本事得靠反复修炼才行。

今天，张老师又从百忙中抽出时间，利用晚上的空隙跟同学们传授沟通地图的最后一招——巧建议。

"同学们,前面我们已经分享了'学会听、懂得问、会欣赏',今晚我们将一起修炼沟通中如何说的技巧,以巧妙的建议方式表达你的意见与观点。"张老师开门见山地问道。

"首先,说话时机要讲究三条铁律,下面容我跟大家细细道来。"

1. 说话时机有讲究

成事不说:老板已经决定的事不要评价。无论你认为这些建议对公司有多大好处都不能说。但在公司做出决定以前一定要把自己的想法说出来,这是你的职责,决定是领导的事,要认识清楚自己的角色和价值,不给超越职权的建议,否则受到伤害的是你自己。

遂事不谏:正在做的事,不要去劝谏。如果他是错的,就让他错到底,最后再总结和检讨。老板每天都在做很多决策,最优秀的决策者也不能保证决策的准确性。员工明知道这事是错的,但是总部还是要求坚决执行,员工可做的唯一事情就是坚决执行决定!而不是去说,去评论。

既往不咎:已经发生的事不去追究。不是什么事都要追究到最后责任人才罢休。有些小事情,过分地追究,可能伤害别人的面子和积极性,以后的事情就不好做了。针对聪明人适用,你不追究,对方也知道自己错了,双方都心知肚明。但是对于一些没有自知之明的人,需要经常敲打一下,要追究责任到人,否则对方不能得到提高。

"关于这三条铁律,务必请同学们在日常生活、学习与工作中细细品味,多加应用,及时反思。如能长期坚持,一定会有意外的惊喜。"

很多同学把"成事不说、遂事不谏、既往不咎"12字箴言,用各自特别的方式进行了标注,提醒自己牢记。

"好的,我们接下来探讨针对不同事情应该用不同的说话方式。"

2. 说话方式看事情

"好事情，先播新闻。"张老师讲了他自己的一个故事。

我听了一位讲师的课程，课程快结束时，我对同事说："杨老师的课讲得真是太精彩啦，是我学习的榜样。"课程结束后，杨老师和大家聊天，突然问了我一句："你觉得这个课程怎么样？提点建议，帮助我提高。"我还没有反应过来，想要怎样说才能既不恭维又恰当。旁边同事搭腔说："他刚才说，你的课讲得太精彩啦，是我们学习的榜样。"杨老师脸上洋溢着笑容，从此，他有培训机会总愿意推荐我。中国人把对别人的欣赏埋在心底，通过批评别人来"帮助成长"，其实欣赏比批评带给别人的进步要大。别人有了好做法就要欣赏，才有完美的人际关系。

坏事情，先说结果。先讲结果，这样就有了沟通的底线，剩下的时间就可以用来沟通怎样解决问题。货运到外地，丢失了货物，销售代表小李向我汇报。

"张经理呀，出事了。今天早上我去拜访客户，一到就听客户说丢货了。包被打开了，我想可能是被司机搞坏了，已经报警了，警察正准备到现场取证……"

"先别说那么多，告诉我到底损失了多少！"我生气地说。

不论这个事情最后的处理结果如何，我对小李已经有了不好印象，感觉他办事不牢。

3. 先抑后扬造舆论

很多时候说话不是要表明什么观点，而是要表明自己的态度，或者试探别人的态度。这样的说话技巧是"造舆论"。

政界经常召开新闻发布会，表明自己的态度和试探别人的态度。九一一事件后，布什发表一则声明来试探各国的反应和态度。第一个站出来的是俄罗斯，然后是英国、法国、中国等，先后表达了自己的立场。这样美国就全面了解了世界各国的想法,为下一步的行动打下了基础。

欧总是一家公司老板,初期厂家支持很大,业务发展非常迅速,于是欧总大规模地扩张。不久公司资金出现了问题,费用太大,厂家看到了这种情况,也采取观望态度。于是欧总决定降低运作费用,变粗放管理为精细管理,争取厂家的支持和长远的发展。欧总的目标是打算降低50%的费用,但是欧总在犹豫,降低50%的费用是很难的,如果做不到会影响到自己的威信,到底要怎么办呢?

不久从欧总的秘书那里传来了一个小道消息(小道消息总是最有魅力的)。由于公司的运营成本过高,老板考虑要裁员20%,以挺过难关,裁员名单正在草拟中。消息传出,人人自危,都在想会不会是我?我最近表现怎么样?还有什么方面做得不好,很多人开始在欧总面前表现自己,更有人找欧总谈心、表白忠诚。

又过了几天,有传闻流出。欧总考虑,裁员影响太大,将会严重影响公司的形象和正常的业务,不裁员20%了,决定减薪50%。于是每个人都在计算自己的薪水,控制自己的开支,公司的士气一片低落,甚至有人开始找工作。

突然有一天欧总召开了全体员工大会,会上欧总严肃地讲:"最近公司有两种很离谱的传闻,一种说公司要裁员20%,另外一种说公司要减薪50%。也不知道这种消息是从哪里传出来的,我们是一家正规的公司,我们有正常的信息渠道,怎么能允许小道消息传播!我们一定要严厉查处相关人员,公司绝不允许这种风气存在!我们是以人为本的公司,员工是我们生存和发展的基础。企业发展了,员工才能发展;员工满意了,企业才满意。对我来讲员工是公司最大的财富!我现在郑重宣布,我们既不裁员也不减薪。"

大家集体起立鼓掌,非常庆幸能摆脱这种厄运。

"但是大家不要高兴得太早,我们的费用确实很大,如果我们不控制自己的费用,只有死路一条。一方面厂家对我们的信心将打折扣,另一方面我们没有了利润,怎么生存?只有死路一条,一定是这样的。我们只有唯一的办法,就是严格控制费用。所以从明天开始，我宣布减少公司费用50%，具体计划财务部已经做出来了，大家要严格执行。"

全体员工集体起立，再次鼓掌，甚至有些员工流下了感激的泪水。

4. 不同的人说不同的话

> 不同的人依赖不同的感官，留意交流对象的不同类型，才能顺利建立沟通关系。
> ——Jane McCann

不同的人会不自觉地表现出各自交流方式的特点，留意这些特点，你才能与对方进行有效的沟通。要做到这一点，关键在于学会识别信号，建立互相适应的交流方式。

NLP（神经语言学）描述语言、非语言行为和主观经验对交流过程的影响。有三种神经语言作用方式：视觉型、听觉型和动觉型。根据不同类型的人调整自己的交流方式。

小李："这间办公室看起来真棒！"（视觉）

小王："是不错，这里光线很足。"（视觉）很快就与他建立起沟通关系了。但如果回答："还是了解一下办公室布局再说吧。"（动觉）这样就有些话不投机了。

经理："你那个成立工作小组的建议听起来很有意思。"（听觉）那么，能建立沟通关系回答就应该是这样："很高兴你听到了我的建议。"

假设你想在市场分析会上通过一个新产品开发项目，高度视觉型的人会说："让我看看它到底是什么样。"他对幻灯片和产品之类的视觉刺激更为敏感。

听觉型的人则会要求你讨论开发产品的优点。他只有与你或别人详细讨论以后，才可能信服。因此，他可能会说："告诉我详细情况，就是关于市场领导地位前景的那一部分。"

动觉型的人会说:"我觉得不行。我一定得亲自参与开发过程。光是看看、听听,我不放心。"

如果对症下药,注意满足交流对象的交流模式,你很快就能取得预期效果。

对视觉型的人要提供充足色彩鲜艳、激动人心、图形丰富的材料。与听觉和动觉型的人相比,他们对可以目视的东西接受得更快。

应该给听觉型的人安排与你详细讨论的机会。会前个别交谈或电话详谈有助于他成为你的新产品计划的盟友。与观察和阅读相比,这类人通过耳听接受起来更快。

听觉型的人喜欢听别人说自己如何受重视。如果想同听觉型顾客加强联系,说一句"珍惜与你合作的机会",比送礼物效果好。

动觉型的人通过感觉活动认识世界,这种活动常常涉及嗅觉和味觉。他们必须亲自动手才能学习、理解和接受事物,所以应该让他们行动起来,调动其肢体。给他们一些东西去做、去碰、去抓,一份可行性报告会令他们兴趣大增。

语言、动作和眼睛运动都能反映一个人的感知和交流方式。

动觉型的人开会是常常坐在椅子上东摇西晃,常常深呼吸,喜欢诸如"主动""承担""结构"之类的词语。他们还经常索要有关计划、财务报表、行业预测等详细资料。

高度听觉型的人时常进行内心对话。通常有三种眼球运动:向左侧运动(回想以往的声音或讲话);向右侧运动(准备未来的谈话或考虑恰当的措辞);向左下方运动(正在进行内心对话)。他们喜欢用"阐述""报告""宣布"之类的字眼。

高度视觉型的人留意很多细节,比如某份报告的字体不一致,版面设计和布局有差异。一般来讲,从发型到公文包,他的每件物品往往都令人赏心悦目。他喜欢向左上方(回忆往事)和右上方看(正在勾勒图像)。他喜欢的字眼有"审察""澄清""透视"和"查验"等。

见人说人话,见鬼说鬼话,不人不鬼说胡话。

"学会听、懂得问、会欣赏、巧建议"这是沟通地图的12字真经,说好话,就好说话;而要真正成为说话高手,调息、调身是必要的,然而调心才是根本,口乃心之门户。

第7课

30秒征服客户
SANSHIMIAO ZHENGFUKEHU

张仪先生纵横六国，与各色人等打交道，除了熟练的沟通技术帮了大忙之外，外在的功夫靠的就是礼仪。

鬼院长特意请得意门生张仪来现身说法，因为在鬼院长的心里，外练筋骨皮中的"皮"就是礼仪。

恩师开口，张仪自然不敢怠慢。

关于礼仪基础之类的知识，鬼院长素来倡导由学生自学来掌握，故这里就只列出知识点，张老师不打算做详细讲解，同学们先行预习吧。

什么是礼仪？

是指你在职场中应遵守的行为规范，是一个人的修养和素质的外在表现，是人际交往的艺术。

礼仪的三大基本要素是：语言、行为表情和服饰。语言的艺术，我们在沟通课已经跟大家做了详细分享；而微笑和幽默是最好的行为表情，作为本课的重点技能来训练。

良好的礼仪能够：一是展现个人良好的品格修养，展现公司良好的商业形象，赢得对方的尊重；二是有利于创造良好的沟通氛围，建立融洽的合作基础；三是满足对方的心理期待，使其感觉良好，感觉受人尊重，从而提高工作效率。

微笑是有力量的

"我们先来分享一个有关微笑化解顾客投诉的案例吧。"张仪老师喜欢以故事导入主题，这一次也不例外。

【案例】12 次微笑

飞机起飞前，一位乘客请求空姐给他倒一杯水吃药。空姐很有礼貌地说："先生，为了您的安全，请稍等片刻，等飞机平稳飞行后，我会立刻把水给您送过来，好吗？"

15 分钟后，飞机早已进入了平稳飞行状态。突然，乘客服务铃急促地响了起来，空姐猛然意识到：糟了，由于太忙，她忘记给那位乘客倒水了！当空姐来到客舱，就看见按响服务铃的果然是刚才那位乘客。她小心翼翼地把水送到那位乘客跟前，面带微笑地说："先生，实在对不起，由于我的疏忽，延误了您吃药的时间，我感到非常抱歉。"这位乘客抬起左手，指着手表说道："怎么回事，有你这样服务的吗？"空姐手里端着水，心里感到很委屈，但是，无论她怎么解释，这位挑剔的乘客都不肯原谅她的疏忽。

接下来的飞行途中，为了补偿自己的过失，每次去客舱给乘客服务时，空姐都会特意走到那位乘客面前，面带微笑地询问他是否需要水，或者别的什么帮助。然而，那位乘客余怒未消，摆出一副不合作的样子，并不原谅那位空姐。

临到目的地前，那位乘客要求空姐把留言本给他送过去，很显然，他要投诉这名空姐。此时空姐心里虽然很委屈，但是仍然不失职业道德，显得非常有礼貌，而且面带微笑地说："先生，请允许我再次向您表示真诚的歉意，无论您提出什么意见，我都将欣然接受您的批评！"那位乘客脸色一紧，刚准备说什么，可是却没有开口，他接过留言本，开始在本子上写了起来。

等到飞机安全降落，所有乘客陆续离开后，空姐本以为这下完了，没想到，等她打开留言本,却惊奇地发现,那位乘客在本子上写下的并不是投诉信,相反,这是一封热情洋溢的表扬信。

是什么使得这位挑剔的乘客最终放弃了投诉呢?

在信中,空姐读到这样一句话:"在整个过程中,你表现出真诚的歉意,特别是你的12次微笑,深深打动了我,使我最终决定将投诉信写成表扬信!你的服务质量很高,下次如果有机会,我还将乘坐你们这趟航班!"

"请同学们讨论一下微笑为什么能使这位挑剔的乘客最终放弃了投诉呢?"

为什么?答案就在下面这段话中。

"请同学们来搞一次接力赛,每人朗读一句关于微笑的名言。"张老师下达了要求。

微笑不花费一分钱,却能给你带来巨大好处;

微笑会使对方富有,但不会使你变穷;

它只要瞬间,但它留给人的记忆却是永远;

没有微笑,你就不会这样富有和强大;

有了微笑,你就会富而不贫;

微笑能给家庭带来幸福;

能给生意带来好运,给你带来友谊;

它会使疲倦者感到愉悦;

使失意者感到欢快;

使悲哀者感到温暖;

它是疾病的最好药方;

微笑买不着、讨不来、借不到、偷不走;

微笑是无价之宝;

有人过于劳累,露不出微笑;

把你的微笑献给他们，那正是他们需要的。

最后一个同学读完后，张老师强调道："请把这张微笑'良方'随身携带，随时随地提醒自己，让微笑总在最需要时挂在你的脸上。"

谁偷走了你的微笑？
张老师在屏幕上打出了这个问题，同学们都忍不住笑了。
有暑期打工经验的同学在老师的鼓励下开始分享自己的心得：

1. 工作烦恼偷走了你的微笑
情景：令我头痛的是，不该我负的责任却算到我的账上，好像是我的过错似的。要是我说这不关我的事，谁都不信，他们都疯了。但是这的确不关我的事。

2. 人际关系偷走了你的微笑
情景：我工作的时候，那些对我的工作不懂的人对我瞎指挥，这些人中既有我的客户也有我的上司，真烦人，我又不能争辩。有时，他们甚至都不知道自己在要求什么。

3. 生活的琐事偷走了你的微笑
情景：今天真倒霉，晨跑时不小心摔了一跤，上课迟到了，还被老师批评了一顿，你说倒霉不倒霉，我都想哭了。

"在学习、工作和生活中，微笑经常有可能被人偷走，如何把它找回来？"张老师在同学们分享完后，开始启发大家的思考方向。

你是否能把微笑留给别人？
以下是日常生活与工作中常见的镜头，看看哪一种更像你？
1. 当我生气的时候，眉毛会竖起来，鼻腔会扩大。
2. 我紧张的时候，脸会涨红，讲话速度会很快。

3. 我疲劳的时候，会无精打采，眼皮耷拉着，讲话声调会拖得很长。
4. 别人认为我的声音总是"升调"。
5. 大多数情况下，我能控制自己的表情，显得很自信的样子。
6. 有时，我会一脸严肃地同客户谈话。
7. 即使是在谈论很严肃的话题，我也能通情达理、坦然面对。
8. 我庆幸自己能微笑、自然地面对别人。
9. 我的表情倾向于严肃、一本正经的样子。

【技能】

"要把知识转化为技能，技能转化为习惯。"张老师反复强调道。

"人与人相识，第一印象往往是在前几秒钟形成的，而要改变它，却须付出很长时间的努力。良好的第一印象来源于人的仪表谈吐，但更重要的是取决于他的表情。微笑则是表情中最能赋予人好感，增加友善和沟通，愉悦心情的表现方式。一个对你微笑的人，必能体现出他的热情、修养和魅力，从而得到人的信任和尊重。"张老师始终带着迷人的微笑，真是言传身教啊。

"日本著名企业家稻盛和夫说：'人生的道路都是由心来描绘的。所以，无论自己处于多么严酷的境遇之中，心头都不应为悲观的思想所萦绕。'有兴趣的同学，可以仔细看看他老人家所写的《活法》等书籍。"

接着，张老师要大家一起朗读下面一段话：

"先处理心情，再处理事情。要防止别人偷走你的微笑，先要进行调心修炼。"

下课啦，活动一下四肢，到户外呼吸点新鲜空气。

下面跟大家介绍练功心法：

1. 阿Q精神

所谓阿Q精神，就是学习其乐观对待外界一切不如意事之精神胜利法。

人生在世，不可能一帆风顺，种种失败、无奈都需要我们勇敢地面对、旷达地处理。这时,是一味埋怨生活,从此变得消沉、萎靡不振,还是乐观处之?

2. 学会感恩

感恩不仅是一种品德,更是生活中的大智慧。

"感恩"是个舶来词,牛津字典:乐于把得到好处的感激呈现出来且回馈他人。

"感恩"是一种对恩惠心存感激的表示,是每一位不忘他人恩情的人萦绕心间的情感。学会感恩,是为了擦亮蒙尘的心灵而不致麻木;学会感恩,是为了将无以为报的点滴付出永铭于心。譬如感恩于为我们的成长付出毕生心血的父母双亲。

对他人的帮助时时怀有感激之心,知道每个人都在享受着别人通过付出给自己带来的快乐生活。

在佛法中,经常说"报四重恩":一、感念佛陀摄受我以正法之恩;二、感念父母生养抚育我之恩;三、感念师长启我懵懂,导我入真理之恩;四、感念施主供养滋润我色身之恩。我们感念众生旷劫供我所需之恩,感念自然界,太阳供我光明与热能,空气供我呼吸,花草树木供我赏悦。

一次,美国总统罗斯福家被盗,丢了许多东西。一位朋友闻讯后,忙写信安慰他,劝他不必太在意。罗斯福给朋友回了一封信:"亲爱的朋友,谢谢你来信安慰我,我现在很平安。感谢上帝,因为:第一,贼偷去的是我的东西,而没有伤害我的生命;第二,贼只偷去我部分东西,而不是全部;第三,最值得庆幸的是,做贼的是他,而不是我。"

"伟人之所以成为伟人,一定与普通人有不一样的格局和胸怀。对任何一个人来说,失窃绝对是不幸的事,而罗斯福却找出了感恩的三条理由,从中我们可以悟出这样的道理:心存感恩,海阔天空!"张老师有感而发。

"请同学们全体起立,活动一下你的胳膊,齐声朗读下面一段关于感激的话,并把它抄录在你的床头、书桌和笔记本上,时刻读一读,让它潜移默化在你的心里。"

感激生育你的人，因为他们使你体验生命；感激抚养你的人，因为他们使你不断成长；感激帮助你的人，因为他们使你渡过难关；感激关怀你的人，因为他们给你温暖；感激鼓励你的人，因为他们给你力量；感激教育你的人，因为他们开化你的蒙昧；感激钟爱你的人，因为他们让你体会爱情的宝贵；感激伤害你的人，因为他磨炼了你的心志；感激绊倒你的人，因为他强化了你的双腿；感激欺骗你的人，因为他增进了你的智慧；感激藐视你的人，因为他唤醒了你的自尊；感激遗弃你的人，因为他教会了你该独立。

3. 设身处地

设想自己处在别人的那种境地，指替别人的处境着想。宋朝朱熹《礼记·中庸》注："体谓设以身处其地而察其心也。"

【案例】某民企3年中连换6任营销总监，最终未能物色到理想的对象。

解决之道：合作前先坦诚相待，将自己（企业）的优缺点告知对方。

- 互相做背景调查，提供证明材料
- 互相不要期望太高（婚前看缺点，婚后看优点）
- "先小人后君子"设好条件，签订协议（结婚时签离婚协议）

与老板相处不好，至少80%是自己的原因；

大多数情况，特别是重大问题上，老板总是对的，否则他就成不了老板；

你与一个企业的老板相处不好，换一个企业也未必能相处得好；

能看到老板长处并肯定老板成就的人才能与老板相处得好；

千万不要因为老板某一点比你差，就片面认为他其他方面都比你差。

与老板相处心得

从心里去欣赏和尊重你的老板，如果你觉得他不值得你欣赏和尊重，那么请仔细找出原因，原因只有两个：

A. 你误解他，不理解他；

B. 他不是一个成功的老板，他的企业随时会消失。

如果是前者，尽量去了解你的老板，改变你的看法；如果是后者，请马上辞职，越早越好。

老板也是人，不是神，他也有缺点和弱点。

不要将这些缺点和弱点扩大化和绝对化。可能他有 40% 的地方不如你，但是他至少有 60% 的地方比你强，否则当老板的就是你而不是他了。

要设法发现老板的优点并跟他学，不断向老板请教一些你不懂或懂得较少的事，这样即可学到东西，有所长进，又可满足老板为人师表的满足。

4. 辩证思考

任何事物都有它的两面性。上帝关闭了一扇窗，就会给你打开另一扇窗。失败是成功之母。美国朗弗罗："乌云后面依然是灿烂的晴天。"

【演练】

"从小学到大学，你们接受过微笑训练没有？"鬼教授问，"有亲和力的微笑是需要刻意训练的，下面我推荐几种实用有效的训练方式。"

1. 游戏

请在一张纸上写下你现在面临的最大烦恼，并分析产生烦恼的原因，想出解决烦恼的办法。

2. 与眼睛的结合

微笑三合一。当你在微笑的时候，你的眼睛也要"微笑"，否则，给人的感觉是"皮笑肉不笑"。眼睛的笑容有两种：一是"眼形笑"；二是"眼神笑"。

练习：取一张厚纸遮住眼睛下边的部位，对着镜子，心里想着最使你高兴的情景。这样，你的整个面部就会露出自然的微笑，这时，你的眼睛周围的肌肉也处在微笑的状态，这是"眼形笑"。然后放松面部肌肉，嘴唇也恢复原样，可目光中仍然含笑脉脉，这就是"眼神笑"的境界。学会用眼神与客户交流，这样你的微笑才会更传神、更亲切。

3. 与语言的结合

要：微笑着说"早上好""您好""认识您很高兴"等礼貌用语。

不要：光笑不说或光说不笑。

4. 与身体的结合

微笑要与正确的身体语言相结合，才会相得益彰，给客户以最佳的印象。

5. 筷子夹嘴，露出 8 颗牙齿

把筷子放在嘴中间，用上下牙齿夹住，就可以训练出像空姐一样甜美的微笑。

6. 读"E"法

对着镜子大声读"E"，然后轻轻减弱其程度。

7. 手拉提法

如何练习微笑。

你一定可以想出更多的办法，下面的方法仅供大家参考：

（1）在房间里贴满各种笑脸；

（2）每天对见到的人报以微笑，看对方的反应；

（3）每天对照镜子微笑；

（4）把笑脸放在手机上做屏保；

（5）听笑话；

（6）用相机或手机随时随地捕捉生活中的笑脸；

（7）向身边笑得好的同学或同事学习；

（8）实习迎宾小姐或先生；

（9）看搞笑短片；

（10）多看明星的笑脸；

（11）看《天天向上》；

（12）说幽默的话，逗别人开心；

（13）多跟小朋友玩；

（14）笑给朋友看，请朋友提意见，看哪一种笑最好；

（15）用手机给自己拍照；

（16）没事偷着乐；

（17）按摩脸部肌肉；

（18）多拍马屁；

（19）多想美好的事；

（20）在没人的地方训练大笑；

（21）与众不同介绍自己的名字。

训练你的幽默感

幽默是一个人成熟的一种表现。在紧张的工作中，让幽默充当精神的"按摩师"，工作将充满欢笑，生活将更富于乐趣，而且幽默让生命长久！研究显示，拥有幽默感的成年人比缺少生活乐趣者更长寿，极具幽默感的癌症患者比起缺乏幽默感的患者，死亡率低 70%。

大伙儿快来听，张老师又开始讲故事了。

【故事】监狱里的生意人

有三个人因故要在监狱里服刑三年，监狱长答应他们每人可以提一个要求。

美国人爱抽雪茄，就要了三箱雪茄。

法国人最浪漫，他要了一个美丽的女子在狱中相伴。

而犹太人说，他要的是一部可以与外界随时沟通的电话。

三年很快就过去了。

美国人率先从监狱里冲出来，嘴里鼻孔里都塞满了雪茄，大喊道："给我火，给我火！"原来他忘记要火了。

接着出来的是法国人，只见他手里抱着一个小孩子，美丽女子手里牵着一个孩子，肚子里还怀着第三个宝宝。

最后出来的是犹太人，他紧紧地握住监狱长的手说："这三年来我每天与外界联系，我的生意不但没有停滞，反而增长了300%，现在我已经是亿万身价了。为了表示感谢，我送你一辆劳施莱斯！"

"请同学们思考并讨论：犹太人的经商智慧以及案例中的幽默技巧？"

同学们在开心一笑之余，张老师给出了他的点评："定位决定思路，思路决定出路。"

【技能】

"把幽默变成一种习惯，你得有意识地加以反复训练。下面就是幽默的训练方法，聪明的你一定能加以灵活运用。"

1. 奇怪

幽默是因为"出人意料""匪夷所思"，或夸张，或奇怪。就是不按常理出牌，摆脱正常思维，出其不意，让人有意外的惊喜，让人哭笑不得。

没有鳄鱼

佛罗里达的海滨和蓝天吸引着这位从北方来的游客。他想游泳，于是问导游："你保证这儿没有鳄鱼，是吗？"

"没有，没有，"导游笑着说，"这儿绝对没有鳄鱼。"

这位游客不再害怕了，他下到水里开始游泳。而后他又问导游："什么使你确信这里没有鳄鱼呢？"

"它们很灵敏，害怕这里的鲨鱼。"

2. 夸张

夸张就是"走极端"，把一件事、一个人、一样东西，用夸张的词语、不协调的语句表达出来，将其夸张到极致，便能得到意想不到的效果，让人感到好笑。

有三只猎狗追一只土拨鼠，土拨鼠钻进了一个树洞。这个树洞只有一个出口，可不一会儿，居然从树洞里钻出了一只兔子。兔子飞快地向前跑，并爬上另一棵大树。兔子在树上，慌乱中没站稳，掉了下来，砸晕了正仰头看的三只猎狗，最后，兔子终于逃脱了。

故事讲完后，犹太大亨问："这个故事有什么问题吗？"

"兔子不会爬树！"年轻人抗议道。

"一只小兔子怎么可能同时砸晕三只猎狗呢？"另一个年轻人提出这样的疑问。

直到再也没人能挑出毛病了，犹太大亨才说："还有一个问题你们没有提到，土拨鼠哪儿去了？"

老师讲完故事后，给大家总结道："目标是本，任何一项工作都必须以目标为中心。只有把注意力凝聚在目标上，你才能在事业上取得成就。可很多人在企业向前发展时，常常把所有的注意力放在半道杀出的'兔子'身上，把原始目标抛到九霄云外了。"

3. 语体移置

今词古用、古词今用、俗词雅用、雅词俗用、褒词贬用、贬词褒用，这种突然改变特定语言环境中的特定意义，可以使调侃意味十分浓厚。

我们来看易中天是如何运用语体移置技术来发挥幽默效果的吧：

我被你雇用了，我是忠心耿耿给你谋划，如果我的主意你不听，Bye-bye，我换一个老板。

朝廷派人去查吴王，也没有发现什么大规模杀伤性武器嘛。

那时候江东的老百姓都称孙策为"孙郎"，称周瑜为"周郎"。郎，就是小伙子，有赞美的意思。所以，"孙郎"就是"孙帅哥"，"周郎"就是"周帅哥"……帅哥都是喜欢美妹的，所以孙策和周瑜分别娶到了当时最漂亮的两个女孩子……可以说这时的周瑜是战场、官场、情场，场场得意……反正我是很羡慕！

4. 讽喻

用似是而非的荒唐道理去解释某种事物，使其产生奇巧怪谲的谐趣，让人啼笑皆非，产生幽默之趣。"偷"得越离谱，幽默味越浓。

飞机妙用

前苏联一位导游对游客介绍说："我国经济不错，相信到了2000年，莫斯科的一半居民将拥有自己的私人飞机。"

一位游客问："市民要私人飞机有什么用？"

导游答："这还不简单，比如你听说列宁格勒的面包店在某一天有大量面包出售，你可以乘飞机抢先赶到那里排队。"

5. 双关

将一个在固定范围内才适用的词语自由地转移到非适用范围中，造成词义的错位以表达一种特殊的情致。

高职人员

向上对朋友说："我底下有几千名办公人员。"

朋友向他道喜，说道："那你的职位一定很高吧？"

向上从容不迫地答："我的办公室在 29 楼嘛。"

6. 以德报怨

在处于尖锐矛盾的情境中，宁愿高深莫测而不愿锋芒毕露，喜怒不形于色，好恶不溢于言表，这是富于幽默感的政治家风度。

某人带了许多礼品到金店老板家。他对老板说："请收下，这是我们全家的一点小意思！"

金店老板说："我们素不相识，你这是啥意思呢？"

"是这样，你救了我小女儿的命！"

"我？"

"是呀，我女儿吞下了在你们金店买的'金'戒指，但是她没有死！"

7. 意料之外

幽默者通过曲折的暗示，故弄玄虚，吸引对方思绪，巧妙地为对方设下圈套，听众可以通过曲折的推理去领悟其幽默情趣。

有三个人来到纽约度假。他们在一座高层宾馆的第 45 楼订了一个套间。

傍晚，三人外出到剧院看戏，回到宾馆时已是夜深人静了。"真对不起，"宾馆服务员说，"今晚我们所有的电梯都出故障了。若诸位不打算徒步回房间，我们会想点办法，给你们在大厅找个安顿的地方。"

"太谢谢你了，我们不想在大厅里过夜，自己走上去可以了。"

然后，一位同伴说："爬到 45 楼，谈何容易。不过我知道怎样使之从难变易。一路上，我负责给你们讲笑话。然后安迪，你给我们唱几支歌。还有你，彼德，给我们讲几个有趣的故事。"

于是，三人动身往上走。汤姆讲笑话，安迪唱歌。好不容易爬到第 34 楼，大家疲惫不堪，决定先休息一下。

"喂，现在要有趣味，最后来个使人伤心的故事。"彼德说，"故事不长，却使人伤心极了：我们把房间的钥匙忘在一楼大厅啦……"

【演练】

1. 自我介绍
模仿名人的自我介绍，设计富有幽默感的自我介绍。

2. 幽默游戏
情绪有正性与负性之分。有些正性情绪，如兴奋、好玩、幽默可以激发人的创造力，而许多负性情绪，如痛苦、焦虑、恐惧则会阻碍人的创造力的发挥。我们每个人都可能因成功或失败而导致情绪波动的经历。下面这个游戏可以让你体验情绪在问题解决中的强大作用，也可以训练你的幽默和乐观的情绪。

这个游戏要求你和一些朋友一同做，而且要求你偏离你一贯的社会行为。游戏的内容是要你学动物园里动物的叫声。

根据的名字决定你要学的动物是什么：

你姓氏汉语拼音的首字母	动物名称
A—F	狮子
G—L	海豹
M—R	猩猩
S—Z	热带鸟

现在选择一个伙伴（最好在这些朋友中挑一位不太熟悉的人作为伙伴）。彼此盯着看，目光不能转移，同时大声学动物叫，至少10秒钟。

点评：

在这个简单的游戏中，你的感觉如何？你是否感到既幽默有趣又有些尴尬？这个游戏尽管开始时会让人感到不舒服，很可能结束时已是笑声满堂。也许不管你模仿的动物是什么,最后你的表现都是"傻驴"一头。

你是否注意到好玩和幽默的情绪会有助于你在这个游戏中的创造性的发挥,可能会使你灵机一动,模仿出种种出乎意料的叫声,获得满堂喝彩,或者逗得大家捧腹大笑?而在游戏中,感到尴尬的心理却会使你羞于开口?假如你有幽默感,学动物叫就更容易开口。

正性乐观的情绪是创造力的催化剂。因此,在最困难的时候,不要忘记幽默可以使你保持乐观。

3. 魔鬼造句

学员两人一组,一个提出一个词,另一个用特别的方式解释这个词,使这个旧词产生新的含义。例如:

1. 知书达理:仅知道书本知识是不够的,还要学会送礼;
2. 度日如年:日子非常好过,每天像过年一样;
3. 杯水车薪:每天在办公室喝喝茶,月底可拿到一车工资;
4. 知足常乐:知道有人请自己洗脚,心里就感到快乐;
5. 见异思迁:看见漂亮的异性就想搬到她那里去住;
6. 语重心长:别人话讲得重了,心里怀恨很长时间;
7. 有机可乘:出门考察有飞机可以乘坐;
8. 夫唱妇随:丈夫进了歌厅,妻子跟踪尾随;
9. 贤惠:闲在家里啥都不会。

【实战】
1. 应对不想付款的顾客

如果你是一位餐馆老板,如何幽默地回答顾客的刁难?

顾客:"对不起,这顿饭钱我付不了,因为我忘了带钱。"

餐馆老板:"……"

顾客:"这可不行,别人都会瞧见我的名字的。"

餐馆老板:"……"

2. 创新你的生财之道

假如你是白玫瑰餐厅的总经理,但几乎没什么人到白玫瑰餐厅吃饭,老板不知如何是好。餐厅里的饭菜物美价廉,可是好像没有人愿意来吃。

后来你采取措施把情况改变了,几个星期以来你负责的餐厅总是挤满了先生和他们的女友。每当一位先生带着一位女士进来,侍者就给他们每人一份印刷精美的菜单。

你会如何设计先生和女士的菜单?

3. 设计你的开场白

假如你是证券公司的客户经理,第一次去拜访一位新客户,他是一位民营企业的老板,你想向他推荐投资理财的产品,如何设计一段幽默的开场白,让你的顾客能会心一笑?

你绝对可以拥有迷人的微笑和幽默,只是需要持之以恒加以训练!

第四赛季

Fourth season

训练 II：内练精气神

第8课

做一个调情高手
ZUOYIGE
TIAOQINGGAOSHOU

今天是久经沙场考验的老将孙膑老师的课。同学们晨跑后吃过早餐，就赶紧三步并作两步走，在教室抢座位，去晚了就没位置坐啦，这可是历史教训啊。

孙老师红光满面，他竟然比很多同学还早到教室，这是他多年养成的创业习惯，永远比客户早到，永远不要让客户等你。

"同学们，早上好！"

"好！很好！非常好！"大家早已学会了孙老师教的套路。

"我们先来听一则公司招聘司机的故事。"

某大公司准备以高薪雇用一名小车司机，经过层层筛选和考试之后，只剩下三名技术最优良的竞争者。主考官问他们："悬崖边有块金子，你们开着车去拿，觉得能距离悬崖多近而又不至于掉落呢？""二公尺。"第一位说。"半公尺。"第二位很有把握地说。"我会尽量远离悬崖，越远越好。"第三位说。

"同学们，你们认为谁应该被录用？"

"半公尺的，他的技术最好。"有同学回答道。

"这家公司录取了第三位，大家知道为啥？"

教室一片沉默。

孙老师异常严肃地道出了他的答案:"不要和诱惑较劲。"他故意停顿了一会儿,锐利的目光看着大家,有些同学被他目光的力量逼得低下了头,"应离得越远越好!这个世界,不是机会太少,而是诱惑太多。"

"刚才的案例就是我今天要跟大家训练的主题——情商管理要探讨的内容之一。根据《南方日报》报道,情商EQ测试成招聘会新考题。刚结束的泛珠三角(东莞)电子数码产业人才交流大会吸引了9个省(区)约400家用人单位和6000多名求职者,其中100多名中高层次人才"花落"东莞。参加此次招聘的知名企业达64家,外资企业超过100家,求职竞争相当激烈。知名企业越来越重视员工的情商特征,量身定做了一套完整的情商测试题,在规定时间内对求职者进行测试,从而初步掌握求职者的心理状态、潜在意识等方面的特征。"

孙膑在鬼谷子先生那里求学期间,曾经一度对情商研究着了迷。因为他研究发现,高EQ的人在工作上,会受到同事与上司的尊敬、喜爱,工作效率高,升迁迅速,而在生活上,能享受人生,拥有良好的人际关系,因而感到幸福与快乐。没有EQ,就没有工作绩效。与卓越工作表现密切相关的是员工的EQ,而不是技术专长。在一份针对数百家大企业所做的研究中发现,导致职场成功的关键因素中,EQ至少是IQ的两倍,在组织中职位越高,EQ的影响就越显著。无论在哪个领域,要想在职场上平步青云,首要任务是拥有良好的EQ。良好的工作情绪能力,是个人生产力的基础。

全世界都流行一句话:"智商(IQ)决定录用,情商(EQ)决定提升。"成功和幸福80%取决于EQ,20%取决于IQ。

我们对照身边的人,就会发现在情场上如鱼得水、在商场上左右逢源的人,很大原因在于他们的EQ很高。

"让我们先来看一看AT&T贝尔实验室的故事吧。"孙老师又开始传道解惑了。

"AT&T贝尔实验室总经理被授权对自己的高级职员进行分等级评级。入选者并不是那些高智商的人，而是那些善于处理人际关系，因而也更容易实现目标的普通职员。"

"这说明了什么呢？"老师又运用起了他熟悉的启发式教学。

"这与卡耐基总结的成功公式是一致的，成功=85%人际关系+15%的知识。"陈平回答道。

"说得对！EQ是一个人管理自我的情绪，以及管理他人情绪的综合能力。人只有与他人合作才能做成事，而要让人乐意跟你合作，就得控制自己的情绪并让他人感觉舒服。"孙老师说完，打开一张PPT，屏幕上亮出"高EQ人的特性""请大家记笔记，并随时随地提醒自己做一个高EQ的人"。

高 EQ 人的特性

1. 良好的情绪控制能力：能了解并控制自身的情绪。
2. 自尊心强强：自我感觉良好，不易受外界影响。
3. 能按捺冲动，实现最终目标：为了实现终极目标，能按捺当下的冲动。
4. 良好的压力管理：控制压力并能适应变化。
5. 自我激励，主动积极：以乐观积极的态度响应人生，实现自我目标。
6. 卓越的沟通能力：能和他人有效沟通。
7. 圆融的社交技巧：能体谅他人感受，与他人建立正面的人际关系。
8. 保持身心平衡：在事业与家庭、工作与娱乐之间维持平衡。

于是，孙膑借鉴西方的情商理论，结合中国的文化背景，提出情商管理的五个方面：认知自身情绪，控制自身情绪，自我激励，了解他人情绪和人际关系管理。

认知自身情绪

认知自身情绪：认识情绪的本质是EQ的基石，这种随时认知感觉的能力，对了解自己非常重要。不了解自身真实感受的人必然沦为感觉的奴隶，反之，掌握感觉才能成为生活的主宰，面对婚姻或工作等人生大事才能做出明智的抉择。

控制自身情绪

情绪管理必须建立在自我认知的基础上。如何自我安慰，摆脱焦虑、灰暗或不安，这方面能力较匮乏的人常与低落的情绪交战，自控的人则很快能走出生命的低潮，重新出发。

【故事】果汁软糖效应

一个 4 岁小孩面对一颗果汁软糖时的反应，往往就是他日后发展的预兆。研究者让孩子们挨个进入一间空旷的屋子，并对每一个孩子说："瞧，这颗糖是给你的，你一定非常想吃吧！喏，慢着，我还没说完呢！现在我要出去办点事，嗯，要是你等我回来之后再吃，我就再给你一颗，你看怎么样？"说完，研究者旋即离去。孩子们对待软糖的态度可谓千差万别：有迫不及待就吃下去的，有稍作犹豫但终于屈服的，但也有铁下心来坚持等待的。这些希望得到第二颗软糖的孩子通过种种方法来转移自己的注意力，或微闭双目，或低垂脑袋，抑或自我吟唱、独自玩耍，乃至假装瞌睡。当然，他们的艰辛得到了补偿。

事后，研究者开始跟踪观察这些孩子的成长过程。进入高中后，一些引人注目的变化相继呈现。调查发现：通过忍耐而获得第二颗糖的孩子通常更能适应环境，更具有冒险性、自信心和独立性；而那些满足于一得之功的孩子则显得孤独、冷僻、易受挫折，在压力下容易退缩，面对挑战总是逃避。表现在高考方面，前者亦是大大优于后者。

"你们从果汁软糖试验中发现了什么奥妙？"孙老师讲完故事，开始提问。

这种"笑到最后"的能力的确是一种高超的技巧，是理智对感情的胜利。能控制自己的短期欲望才能实现自己的长期目标。

通过坚韧、顽强而获得更好东西的应聘者通常更能适应环境，更具有冒险性、自信心和独立性；而那些满足于一得之功的应聘者则显得孤独、冷僻，易受挫折，在压力下容易退缩，面对挑战总是逃避。表现在销售方面，前者亦是大大优于后者。

放弃眼前小利，才能成就未来大利。

【技能】

"情商是什么？为什么重要？这些道理讲起来容易，理解起来也不难，难就难在如何让自己拥有高 EQ？下面我要给大家介绍情商训练的实用方法。"孙老师继续用他那富有磁性的声音说道。

1. 自我教育法
孔子："见贤思齐，见不贤，而自内省也。"

人与动物的重要区别便是理性，自我反省是理性思辨的主要体现，通过总结和分析，人才能更好地指导自己以后的实践，这是情商的主要体现。

2. 意识调节：输入自我控制意识
林则徐在墙上挂有"制怒"的条幅，用语言来控制与调节情绪。

3. 情绪转移
注意转移：俄国文豪屠格涅夫劝告那些刚愎自用、喜欢争吵的人：在发言之前，应把舌头在嘴里转十个圈。

行动转移：把情绪转化为行动的力量，即把怒气转变为从事科学、文化、学习、工作、艺术、体育的力量。

4. 释放法
让愤怒者把有意见的、不公平的、义愤的事情坦率地说出来，以消怒气，或者面对着沙包、人物像猛击几拳，可达到松弛神经功能的目的。

5. 情绪化解三部曲

| 1 坦然接受 | → | 2 分析原因 | → | 3 寻找解决方法 |

图 8-1 情绪化解三部曲

6. 情绪控制的五个阶段

	情绪控制阶段	情绪控制办法
1	情境选择阶段	通过选择有利情境来控制情绪。如在头一天晚上可以选择去跟朋友们愉快地聊天，而不是挑灯夜战去背一些专业技术名词
2	情境修补阶段	当所选择的情景并不理想时，可以做些修补。如与朋友聊天，可要求换一个更轻松的话题
3	注意分配阶段	将注意力转到其他的事情上来控制情绪。可把注意力转到其他事情上，如朋友的新衣服等，这就像关公"刮骨疗伤"——你刮你的骨头，我下我的围棋
4	认知改变阶段	可以把客户拜访看作一次锻炼自己的绝好机会，即使失败，它给你的经验也是宝贵的，让下一次拜访更加顺利
5	行为调控阶段	也许拜访砸了锅，但在别人面前仍要"强颜欢笑"，不要生出像祥林嫂一样扯到谁就跟谁诉苦的冲动——这是最后一阶段可用的调节法

7. 摆：管理情绪波动的工具

（1）静止

在摆的静止区人们最清醒，思路敏捷，评价客观。决策时最好处于这种状态。

（2）低位

愉快的低位提供一个重要的重新估价的机会，但若继续再从静止往外走得更远，就到了强制性低位区，那就不甚愉快了，这时的情绪对人已有害无益。

人们处于悲观的强制性低位时就会失去看问题的眼光和判断人的标准，无法做出正确评价。此时情绪抑郁，认为自己是个失败者、牺牲品、一文不值、无人理睬，更无人理解。

（3）高位

人们处于活力的高潮并极度兴奋时即摆向高位端。一旦处于强制性高位，人们就不能清醒认识自身和周围的人，意识不到自己的所作所为以及对别人的影响。有必要控制好高度以便既调动出活力和勇气，又不致失去清醒的头脑。

处于强制性高位而不能保持清醒时也会伤人，因为这时目中无人乱分析别人的行为，瞎猜疑别人的意图。这时的情绪反应往往比正常时激烈几倍，完全不成比例，一触即跳、一碰就恼，动辄恶语伤人还不自觉。

（4）摆幅

了解情绪波动的相互关系，能帮助人们利用摆这种工具来管理情绪。

自我激励

【故事】大海里的船

英国劳埃德保险公司曾从拍卖市场买下一艘船，这艘船1894年下水，在大西洋上曾138次遭遇冰山，116次触礁，13次起火，207次被风暴扭折断桅杆，然而它从没有沉没过。劳埃德保险公司基于它不可思议的经历及在保费方面带来的可观收益，最后决定把它从荷兰买回来捐给国家。现在这艘船就停泊在英国萨伦港的国家船舶博物馆里。不过，使这艘船名扬天下的却是一名来此观光的律师。当时，他刚打输了一场官司，委托人也于不久前自杀了。尽管这不是他的第一次失败辩护，也不是他遇到的第一例自杀事件，然而，每当遇到这样的事情，他总有一种负罪感。他不知该怎样安慰这些在生意场上遭受了不幸的人。当他在国家船舶博物馆里看到这艘船时，忽然有一种想法，为什么不让他们来参观参观这艘船呢？于是，他就把这艘船的历史抄下来和这艘船的照片一起挂在他的律师事务所里，每当商界的委托人请他辩护，无论输赢，他都建议他们去看看这艘船。

"为什么在大海上航行的船没有不带伤的？"

"虽然屡遭挫折，却能够坚强地百折不挠地挺住，这就是成功的秘密。"

韩信同学代表雄狮队回答问题。

孙老师对韩信的回答非常满意,他觉得韩信是一个潜质非常好的年轻人。

"无论如何都要集中注意力。自我激励或发挥创造力,将情绪专注于某一目标是绝对必要的。成就任何事情都要有情感的自制力——克制冲动与延迟满足。保持高度热忱是实现一切成就的动力。能自我激励的人做任何事效率都比较高。"老师用专业的学术语言做了总结。

接着,孙老师打开了下一张PPT。

这个人出生在美国,自小家境贫寒。

1832年,他失业了,他很伤心,但那时起,他不仅没有消沉,反而树立起要当政治家的决心,以彻底改善美国政治经济面貌,创造更多的创业机会。

这一年,他竞选州议员,由于缺少竞选经费,结果,他竞选失败了。

一年里遭受两次打击,无疑是十分痛苦的。

他开始自己创办企业,可不到一年,他破产了,为此欠下的债务在7年后才还清。

之后,他再次竞选州议员,这次他成功了,这使他坚定了从政的决心。

1835年,他订婚了,但离结婚还差几个月,未婚妻不幸去世,这对他精神的打击太大了,他心力交瘁,卧床不起。

1836年,他得了神经衰弱症。

1838年,他觉得身体好些,于是决定竞选州议长,但他又失败了。

1843年,他又竞选美国国会议员,仍未成功。

要是你处在这个时候,你还会坚持吗?

1846年,他再次竞选美国国会议员,终于成功了。

两年任期很快就结束了,他决心竞选连任,他认为自己作为国会议员表现是出色的,相信选民会支持他,但结果很失望,他落选了。因为竞选,他又赔了不少钱。

他申请当本州的土地官员,但州政府拒绝了,并在他的申请书上注明:

成为本州土地官员，要求有卓越的才能和异常的智慧，你的申请未能满足这些要求。

接连又是两次失败。

在这种情况下，你会继续努力吗？

1854年，他竞选参议员，又失败了。

1856年，他竞选美国副总统提名，又失败了。

1858年，他再次竞选参议员，再次失败了。

这个人为了政治家的梦想尝试了十几次，但只成功了两次，要是你处于这种境地，相信你早就会放弃了吧！可他一直没有放弃自己的追求，他一直在做自己生活的主宰者。

1860年，他当选为美国总统，而且后来成为美国历史上最伟大的总统之一，这个人就是林肯。

了解他人情绪

同情心是基本的人际技巧，它同样建立在自我认知的基础上。具有同情心的人能从细微的信息觉察他人的需求，这种人特别适于从事医护、教学、销售与管理的工作。

美国总统富兰克林说过："希望被人爱的人，首先要爱别人，同时要使自己变得可爱。"

【故事】

一个人不知道天堂与地狱的区别，于是他去请教上帝，上帝先带他去了地狱，他看到所有人都是面黄肌瘦，但面前都是美食，每个人手里都拿着一双长长的筷子，很多人都在努力往自己嘴里送，但太长了，自己永远都送不进嘴里。

上帝又带他去了天堂，结果天堂里的人红光满面，欢声笑语，原来是一样的筷子，自己送不到自己嘴里，但两个人可以相互喂食，其乐无穷。

"天堂与地狱的区别在哪里？"

孙老师点评："帮助别人就是帮助自己；学会用心去关怀他人，你就能创造一个天堂。"

人际关系管理

人际关系管理就是管理他人情绪的艺术。一个人的人缘、领导能力、人际和谐程度都与这项能力有关，充分掌握这项能力者常是社会上的佼佼者。

【测试】人际关系测试

公司有一位刚来不久的年轻女大学生不慎打破了会客室的花瓶，这时你刚好走来，你会怎么做？

A. 先跟秘书谈谈，秘书会替你解决

B. 不要紧，我替你想办法

C. 坏了就坏了，管它的

D. 董事长人很好，道个歉就行了

E. 这个花瓶好几万，真糟糕

你的选择是什么？

参考答案：

1. 为人谨慎，凡事会三思而行；表现欲望有时会因自我膨胀而弄巧成拙。
2. 活泼型，社交力强，很得人缘；考虑周到，受人倚重。
3. 自恃清高，不愿受人指使；不适合团队合作，是独当一面的行动派。
4. 非常浪漫，美的感觉特别强；思考直觉型，易情绪化。
5. 经常急躁，怨恨不满，重财轻义，人际关系不够圆滑。

【技能】
1. 人际关系感情账户

	存款	取款
1	先了解对方	要对方先了解自己
2	信守承诺	违背承诺
3	有礼貌	不礼貌
4	勇于道歉	傲慢，自负，高傲
5	接受回馈	抗拒回馈

（1）乐于与别人分享

不管是信息、利益或工作机会，懂得分享的人，最终往往可以获得更多。"赚钱机会非常多，一个人无法把所有的钱赚走。"益登董事长曾禹旖常这样对属下说。敦阳科技总经理梁修宗的口头禅是："只要跟着我，就有钱赚。"

（2）珍惜每一个帮助别人的机会

"胡雪岩倒霉时，不会找朋友的麻烦；他得意了，一定会照应朋友。""得道多助"虽然是老生常谈，台湾花旗银行副总裁程耀辉却一直秉持这个信念。不管往来的人职位高低，他总是尽量帮助别人，所以大家总是知道"有事找他就对了"，这就是程耀辉的人脉能力。

（3）增加自己被利用的价值

杨耀宇因为有投资理财的专长，周围的朋友都找他咨询，他乐此不疲地帮助朋友投资理财，就建立了非常好的人脉网络。

2. 人际交往黄金法则

你希望别人怎样对待你，你就首先应该这样对待别人！

【案例】H公司客户经理凭什么虎口夺食？

A移动通信公司扩展业务，对外公开招标，采购通信设备，其实，知情者早就知道招标不过是走走过场而已，早已内定一家通信设备制造公司了。H公司通信设备制造公司为了抢夺这个大单，派出一个客户经理前往争取，该客户经理采取了曲线救国的策略。飞到A移动通信公司后，他并没有直接找其总经理，而是先就近找了家酒店住下来，每天早晨按时到该公司，如上班一样，每天与门卫打招呼。实际上，他上楼后就找个没有人的地方猫起来，过了大约半小时，他就下楼回酒店，这样坚持了一周的时间，在门卫的眼里，这个客户经理已经变成了熟人。他觉得时机已经到了，这天他照样去"上班"，但是这次他没有走，而是找个机会与门卫聊起天来，越聊越投机，他也就顺水推舟，提出晚上两人一起去酒吧喝酒。在喝酒期间，他了解到该移动通信公司的总经理正面临一个棘手的难题，不是公司的事，而是私事，原来总经理的儿子马上就要升高中了，这个总经理觉得在当地这个小地方上高中，孩子将来即使能考上大学，也很难上得了名牌大学，故他希望能够将儿子送到北京上学，可是不知道如何办理，在北京又没有熟人，孩子一个人过去了，也不放心，正发愁呢。这个客户经理觉得机会来了，他立刻托关系，为这个孩子安排好了学校。把一切安排妥当后，他把这个信息告诉了该总经理，总经理非常高兴，把原来内定的订单想办法取消了，改用这个客户经理所在公司的产品。

问题：H公司的客户经理凭什么虎口夺食？

对此，孙膑老师的点评可谓一针见血：把客户私人的当务之急当成自己的大事来办。

3. 人际交往白金法则
用他人希望被对待的方式对待他人！
（1）杨运如何搞定章建平

从1996年进入股市后，2000年，已经颇有实力的章建平到了国信证券杭州保俶路营业部，两三年后，又去了新疆证券庆春路营业部。章建平加盟后，新疆证券营业部马上成为杭州证券市场上最大的一匹黑马。2002年，该营业部排名全国743名，次年就升到了270名，接下来的两年分别为317名、325名。2005年全国八大敢死队栖身营业部，新疆证券杭州营业部排名第五。

2005年7月，章建平转移到东吴证券，新疆证券营业部的交易额应声而下，2006年就直线下降到1840名。显然，章建平及其追随者的离去，让新疆证券一下从云端坠入谷底。

"他有如此庞大的资金规模，既可以让一个营业部绝处逢生，也可以让一个营业部瞬间死去。"据说浙江本土券商财通证券总部、银河证券杭州管理部等，一直都在想方设法挖他过去，但因为东吴证券服务到家，一直未果。

东吴证券的总经理杨运是位女士，在服务客户方面，有一般男性经理所没有的细致。在买下自己的私家车前，章建平每天早晚炒股，都由她开车接送，风雨无阻。营业部唯一的一辆轿车，几乎成了章建平夫妇的接送专车。

章建平还在新疆证券营业部时，有一次和宁波过来的一位敢死队长一起吃饭，杨运刚好也在场，席间端饭送菜，极尽殷勤。章建平当即被感动，之后终于下决心，移师此前默默无闻的东吴证券，并以一己之力，将东吴证券推上一个又一个龙虎榜，最终成为令市场刮目相看的浙江游资大本营。

问题：请你分析一下杨运是如何搞定章建平的？

同学们先独立思考，再进行小组讨论，此后孙老师充分肯定了同学们的讨论成果，他点评道："'富贵'两字经常连起来讲，其实，'富'与'贵'之间有很大的差异。富了的人如何才能更有满足感？最好的方法是让他有'贵'的感觉，而'贵'的感觉又是如何营造出来的呢？请各位想一想：自己开车与别人帮你开车有何不一样的感觉？一般人帮你开车与公司总经理亲自帮你开车有何不一样的感觉？老总365天风雨无阻专车接送你上下班，你会感觉如何？'贵'的感觉就是让你得到足够的尊重和很高的待遇，而这个又不是完全能用钱买得到的。"

（2）向冷庙烧香

"我要讲的第二个故事就是有关慈禧太后的，一个叫吴棠的官员如何向冷庙烧香的。"

咸丰元年冬天，初登皇位的咸丰帝向全国下达选秀女的诏命：凡四品以上满蒙文武官员家中 15 岁至 18 岁之间的女孩子，全部入京候选。慈禧太后那拉氏那年 17 岁，父亲惠征官居安徽皖南道员，正四品衔，各方面都在条件之内，家里只得打点行装，准备送她进京。正在这时，惠征得急病死了。那拉氏上无兄长，下无弟弟，仅仅有一个 13 岁的妹妹，寡妇孤女哭得死去活来。当时官场的风气是，太太死了，吊丧的压断街；老爷死了，无人理睬。

惠征居官还算清廉，家中并无多少积蓄，徽州城又无亲戚好友，一切都要靠太太出面，四处花钱张罗。待到把灵柩搬到回京的船上时，身上的银子已所剩无几了。

这天傍晚，灵舟停在江苏清江浦。正当暮冬，寒风怒号，江面冷清至极。舟中那拉氏母女三人眼看家道如此不幸，瞻视前途，更加艰难，遂一齐抚棺痛哭。凄惨的哭声在寒夜江面上传开，远远近近的人听了无不悯恻。突然，一个穿着整齐的男子站在岸上，对着灵舟高喊："这是运灵柩去京师的船吗？"

"是的。"船老大忙答话。

"我家老爷是你家过世老爷的故人，今夜因有要客在府上，不能亲来吊唁，特打发我送来赙银 300 两，以表故人之情，并请太太节哀。"

从徽州到清江浦，沿途 1000 多里无任何人过问，不料在此遇到这样一个古道热肠的好人，惠征太太感激得不知如何答谢才是，忙拖过两个女儿，说："跪下，给这位大爷磕头！"

那拉氏姊妹正要下跪，那人赶紧先弯腰，连声说："不敢当，不敢当！我这就回去复命，请太太给我一张收据。"惠征太太这时才想起，还不知丈夫生前的这个仗义之友是个什么人呢，遂问："请问贵府老爷尊姓大名，官居何职？"

那人答:"我家老爷姓吴名棠字仲宣,现官居两淮盐运使司山阳分司运判。"

惠征太太心里纳闷:从没有听丈夫说起过这个人。她一边道谢,一边提笔写道:"谨收吴老爷赙银300两。大恩大德,容日后报答。惠征遗孀叩谢。"

慈禧不忘旧恩。垂帘听政之始,便将吴棠擢升为两淮盐运使,一年后又升为漕运总督,后两广总督出缺,她又考虑把吴棠调升这个职位。对此,慈禧道:"有仇能报,有恩能酬,这毕竟是人生的幸事。"

"吴棠为何得到慈禧的重用?"

"世人都喜欢锦上添花,而从营销效果来看,雪中送炭的营销效果要比锦上添花好得多,而且投入产出更合算。只是雪中送炭需要你有战略眼光和商业头脑,得看得准,因为它有投资风险。"

【演练】

1. 请你设计并实施一项对同学表达爱心的行动。
2. 在教室里,你能找到几种表达爱心的方式?请用行动表达出来。
3. 请你设计并实施一项对老师表达爱心的行动。

【实战】
1. 怎么才能让客户愿意与我们保持一种密切的联系?

我们从客户的需求来入手,从客户的实际工作中入手,通过我们的专业性服务为客户解决实际面临的问题,充当一种免费顾问的角色,甚至要让客户"感动"。经过反复的讨论与考证,我们决定定期举办免费的沙龙,通过自身对培训知识的掌握,并请其系统化地整理后,我们与潜在企业客户的经理们一起探讨。真的没想到,从第一期开始,客户就以一种前所未有的热情投入进来。这种体验与交流式的推广方式,让我们迅速积累了一大批忠实的客户,而且这个数量还通过口碑的传播形式在快速扩大。随后,我们将公司的核心课程及相关产品制作成精美的手册,每期分发给来的客户,客户们都非常愉快地接受并认真地与我们一起研究课程的特点及适用性。现在我们的客户稳定，市场方面已经不需要让我们投入太多的精力了，我们可以将更多的时间放在课程的设计与开发上，并将课程二次或多次销售给我们的客户。

请学员借鉴上面案例的做法，为你所服务的公司设计类似的推广方式。

2. 请你设计并实施一项如何对爹妈表达爱心的行动

包括计划的5W2H，实施过程描述和实施效果评估。

（1）自己为父母做礼物；

（2）为父母洗脚；

（3）把在大学的进步展现给父母看；

（4）为父母倒热水，做晚餐；

（5）为父母暖手；

（6）多与父母沟通交流；

（7）每天早上起来后给父母一句赞美，睡觉前帮父母按摩；

（8）吃饭时主动为父母盛饭，给父母夹菜；

（9）跟父母说肉麻的话；

（10）唱歌给父母听；

（11）为父母织围巾；

（12）在家里帮父母做家务；

（13）买床电热毯给父母；

（14）买双皮鞋给父亲；

（15）聊天拉家常；

（16）为父母下厨，亲自炒个菜；

（17）帮妈妈捶捶背，帮爸爸捏捏脚；

（18）给父母一个温暖的拥抱；

（19）不跟妈妈斗嘴，取悦妈妈，帮爸爸洗臭袜子；

（20）让父母看到自己的进步，让父母得到满足。

3. 设计并实施爱心回报活动。

每年的七八月，都会有一些成绩优异的湖湘"寒门学子"，在考取大学之后，却面临拿不出学费、上不起大学的困境。在去年的 8 月 1 日，湖南省委省政府专门就此发出了"要求确保贫苦生入学、社会各界可以通过各种途径募集资金"的通知，要求、号召社会各界伸出援手，帮助这些贫困学子。由湖南经济电视台等媒体联合省慈善机构组织发起的名为"爱心改变命运"的公益募捐活动，迅速在三湘大地展开，并得到了社会各界尤其是企业界的热烈回应。

作为有着强烈社会责任心的高科技上市公司，中联重科没有理由保持沉默。在 2003 年中联重科百万助学活动中，40 名特困大学新生得到了专项资助，从而顺利走进大学校门。2004 年，中联重科有关负责人表示，将为爱心活动继续注入 100 万元基金，仍然将捐助 40 名特困大学新生。

这些已经或者即将得到捐助的学生，都是品学兼优，考取本科一二类院校，家庭确实困难的特困生。学生备选名单由省教委、省慈善总会共同提供，中联重科最后予以确定。他们在接受 10000 元捐助的同时，还将与中联重科签订助学协议，承诺勤奋俭朴、潜心学业。中联重科将在他们今后四年的大学生活中，继续以奖学金的形式，对学业优异者给予奖励。在他们毕业后，中联重科还将优先接纳其中的优秀毕业生来公司工作。

如果你是被中联重科捐助的一名大学生，你将如何设计并实施爱心回报活动？

包括计划的 5W2H，实施过程描述和实施效果评估。

附：情商测试

说明：单数题：A-3 分，B-2 分，C-1 分；偶数题：A-1 分，B-2

分，C-3分

1. 对自己的性格类型有比较清晰的了解？

    A. 总是　　B. 有时　　C. 从不

2. 无法确知自己是在为何生气、高兴、伤心或忌妒？

    A. 总是　　B. 有时　　C. 从不

3. 知道自己在什么样的情况下容易发生情绪波动？

    A. 总是　　B. 有时　　C. 从不

4. 即使有生气、高兴、伤心、忌妒的事也不愿或不能表达出来？

    A. 总是　　B. 有时　　C. 从不

5. 懂得从他人的言谈与表情中发现自己的情绪变化？

    A. 总是　　B. 有时　　C. 从不

6. 情绪起伏很大，自己都不了解是为什么？

    A. 总是　　B. 有时　　C. 从不

7. 有扪心自问的反思习惯？

    A. 总是　　B. 有时　　C. 从不

8. 不知道自己的感情是脆弱还是坚强？

    A. 总是　　B. 有时　　C. 从不

9. 性情不够开朗，很少展露笑容？

    A. 总是　　B. 有时　　C. 从不

10. 很难找到表达情绪的适当方式，要么表示愤怒，要么隐忍或委屈？

    A. 总是　　B. 有时　　C. 从不

11. 遇有不顺心的事能够抑制自己的情绪？

    A. 总是　　B. 有时　　C. 从不

12. 情绪波动起伏，往往不能自控？

    A. 总是　　B. 有时　　C. 从不

13. 遇到意想不到的突发事件，能够冷静应对？

A. 总是　B. 有时　C. 从不

14. 精神处于紧张状态，不能自我放松？

A. 总是　B. 有时　C. 从不

15. 受到挫折或委屈，能够保持能屈能伸的乐观心态？

A. 总是　B. 有时　C. 从不

16. 对自己期望很高，达不到标准时会很生气或发脾气？

A. 总是　B. 有时　C. 从不

17. 出现感情冲动或发怒时，能够较快地"自我熄火"？

A. 总是　B. 有时　C. 从不

18. 做什么事都很急，觉得自己属于耐不住性子的人？

A. 总是　B. 有时　C. 从不

19. 听取批评意见包括与实际情况不相符的意见时，没有耿耿于怀或不乐意？

A. 总是　B. 有时　C. 从不

20. 对人对事不喜欢深思熟虑，主张"跟着感觉走"？

A. 总是　B. 有时　C. 从不

21. 在人生道路的拼搏中，相信自己能够成功？

A. 总是　B. 有时　C. 从不

22. 不愿尝试新事物，对自己不会的事情会感到无聊？

A. 总是　B. 有时　C. 从不

23. 对决定要做的事不轻言放弃？

A. 总是　B. 有时　C. 从不

24. 一次想做很多事，因此显得不够专心？

A. 总是　B. 有时　C. 从不

25. 工作或学习上遇到困难，能够自我鼓励克服困难？

A. 总是　B. 有时　C. 从不

26. 对于自己该做的事，很难主动地负责到底？

A. 总是　B. 有时　C. 从不

27. 相信"失败乃成功之母"？

A. 总是　B. 有时　C. 从不

28. 没有必要要求自己什么，觉得自己做不到的事不如干脆放弃？

A. 总是　B. 有时　C. 从不

29. 办事出了差错自己要总结经验教训，不怨天尤人？

A. 总是　B. 有时　C. 从不

30. 不敢担任新的职责，因为怕自己会犯错？

A. 总是　B. 有时　C. 从不

31. 对同事们的脾气性格有一定的了解？

A. 总是　B. 有时　C. 从不

32. 在意别人对自己的看法，生活无法轻松自在？

A. 总是　B. 有时　C. 从不

33. 经常留意自己周围人的情绪变化？

A. 总是　B. 有时　C. 从不

34. 当别人提出问题时会不知怎样回答才让人满意？

A. 总是　B. 有时　C. 从不

35. 与人交往时知道怎样去了解和尊重他人的情感？

A. 总是　B. 有时　C. 从不

36. 与人相处时不善于了解对方的想法或怎样看待事物？

A. 总是　B. 有时　C. 从不

37. 能够说出亲人和朋友各自的一些优点和长处？

A. 总是　B. 有时　C. 从不

38. 触痛别人或伤及别人的感情时自己不能觉察？

A. 总是　B. 有时　C. 从不

39. 不认为参加社交活动是浪费时间？

A. 总是　B. 有时　C. 从不

40. 别人的感受是什么对我来说没有必要去考虑？

A. 总是　B. 有时　C. 从不

41. 没有不愿同他人合作的心态？

A. 总是　B. 有时　C. 从不

42. 对单位、学校及家庭既定的规章制度不能照章行事？

A. 总是　B. 有时　C. 从不

43. 见到他人的进步和成就没有不高兴的心情？

A. 总是　B. 有时　C. 从不

44. 对有约在先的事，无法履行兑现，或草率了事？

A. 总是　B. 有时　C. 从不

45. 与人共事懂得不能"争功于己，诿过于人"？

A. 总是　B. 有时　C. 从不

46. 担心自己的意见或建议不好时，宁愿随声附和？

A. 总是　B. 有时　C. 从不

47. 与人相处能够"严于律己，宽以待人"？

A. 总是　B. 有时　C. 从不

48. 别人不同意自己的意见时就会表现出不满，或避而远之？

A. 总是　B. 有时　C. 从不

49. 知道失信和欺骗是友谊的大敌？

A. 总是　B. 有时　C. 从不

50. 觉得委屈求全是解决矛盾的好方法？

A. 总是　B. 有时　C. 从不

第9课

执行力就是能力
ZHIXINGLI
JIUSHINENGLI

不把自己当人，最终才能成为人！

学员还在睡梦中，集合号令就已经响彻云霄，早上6：00大家就要出早操，围着操场跑5000米。

负重越野。

生存考验。

危难求人。

"不把自己当人，最终才能成为人。"鬼教授是这样给大家"洗脑"的。

鬼教授在"内练精气神"里特别看重学员执行力意识与习惯的训练，他经常强调"有十个完美的设想，不如有一个不完善的执行""喊着口号原地踏步，不如曲折地向前移动"。

为了训练学员的执行力，他是想尽了办法。什么是执行力？执行力就是言出必实践，即言必行，行必果，是具体实质地把计划转化为行动，是策略与结果之间的桥梁。执行力的核心是态度，执行力实际上是态度与毅力的结合与结果。

鬼教授根据大量的实战经验总结出一个独特的执行力公式：执行力 = 主动积极的高意愿 + 对结果负责 + 岗位能力 +PDCA。

激励机制可能需要公司设计好，对我们个人而言，要培养主动积极的高意愿，对结果的负责和打造岗位胜任能力。

高意愿：主动积极

【故事】自己建造的房子

有个老木匠准备退休，他告诉老板，说要离开建筑行业，回家与妻子儿女享受天伦之乐。

老板舍不得他的好工人走，问老板是否能帮忙再建一座房子，老木匠说可以。但是大家后来都看得出来，他的心已不在工作上了，他用的是软料，出的是粗活。房子建好的时候，老板把大门的钥匙递给他。

"这是你的房子，"他说，"我送给你的礼物。"

他震惊得目瞪口呆，羞愧得无地自容。如果他早知道是在给自己建房子，他会怎么样做呢？

思考：从这个故事中，你悟到了什么道理？

同学们热烈地讨论着，大家为木匠感到遗憾的同时，觉得自己很多时候也会犯如此的错误。对此，鬼教授没有直接回答大家的疑问，而是跟同学们分享了他自己在跨国公司任职的经历：跨国公司的用人标准中的第一条是"你的工作意愿是否强烈"，具有高意愿的员工会以老板的心态做事，主动积极地开展工作。"意愿 (Willing) 为什么会被很多著名跨国公司作为选人标准排在首位？"意愿是指一种积极的态度，即有强烈的想做事、做好事的愿望，通俗地说，以一种老板的心态主动积极地去做事，而不是以打工仔的心态斤斤计较地去做事。

"李嘉诚为什么会成为最成功的企业家之一？"

"从他年轻时候的行为我们就可以了解其中的奥妙。"鬼教授接着跟大家分享。

18 岁的李嘉诚被提拔为部门经理，统管产品销售。两年后，他又晋升为总经理，全盘负责日常事务。他已熟稔推销工作，可也深知生产及管理是他的薄弱处。因而虽身为总经理，他却把自己当小学生。他总是蹲在工作现场，身着工装，同工人一道干，极少坐在总经理办公室。每道工序他都要亲自尝试，兴趣盎然，一点也不觉得苦和累。

有一次，李嘉诚站在操作台上割塑胶裤带，不慎把手指割破，鲜血直流，他没有吭声，而是迅速缠上胶布，又继续操作。事后伤口发炎，他才到诊所去看医生。许多年后，一位记者向李嘉诚提及这事时说："你的经验，是以血的代价换得的。"李嘉诚微笑道："大概不好这么说，那都是我愿做的事，只要你愿做某件事情，就不会在乎其他的。"李嘉诚是塑胶公司的台柱，成为高收入的打工仔，是同龄人中的杰出者。他才 20 出头，就爬到打工族的最高位置，做出令人羡慕的业绩。

【测试】

1. 你属于哪种人？

A. 没被人告知，却在做着恰当的事情

B. 当你被告知过一次以后再做同类事情就不需要再被告知

C. 告知过两次以后才去做

D. 别人走到自己面前示范，并且停下来督促做，自己仍然不会用心地做

2. 你说过下面这些话吗？

A. "现在是中午时间，你 3 点以后再打来吧。"

B. "那不是我的工作。"

C. "我太忙了，实在没时间。"

D. "那是张三的工作。"

E. "我不知道该如何帮你。"

F. "这件事我们现在办不了,到时我再告诉你该怎么办,好吗?"

G. "你还可以多补充一些,对吗?"

H. "责任到此,不能再推。"

思考:你是主动要求承担更多的责任,还是设法推卸应该承担的责任?

3. 你是食草动物,还是食肉动物?

食草动物	食肉动物
只有逃避才可以生存	只有进攻才可以生存
成群的聚集而绝无相互的责任,贴在一起只是为了给自己壮胆而已。	高度的组织性和纪律性 迂回、包抄、堵截,按照能力分定级别
他们的生存太容易了 只要低头就有青草,抬头就有树叶,不用思索和拼搏	要喂饱自己的肚子是十分艰难的,只有依靠厮杀拼搏和思索

【技能】

1. 以主动积极的态度采取行动

你敲门了吗?

发展积极的心态,行动带来快乐。

你要求,你得到;

你寻找,你发现;

你敲门,门为你开。

——《马太福音》第七章第七节

态度决定一切!

态度代表1,后面的0才有意义。

＊态度改变,人生就会改变

如果态度改变,行动就会改变;

如果行动改变，习惯就会改变；

如果习惯改变，性格就会改变；

如果性格改变，命运就会改变；

如果命运改变，人生就会改变。

★ 主动积极与被动消极之行为比较

	主动积极	被动消极
1	认识自己的弱点，还有哪些可以改进	只会在关注圈内抱怨不公平
2	目标不是位置，而是怎样让自己做得更好	痛恨嫉妒新同事，不强调合作和配合

【案例】熊晓鸽与 IDG 的机缘

1991 年，熊晓鸽获得了绿卡，这个时候他所在的《电子导报》已经停刊，卡纳斯集团觉得基于当时的环境在中国大陆发展刊物比较难，希望熊晓鸽在香港和台湾工作，而熊晓鸽仍然希望同大陆有更多联系，于是他就尝试联系了麦戈文。

一谈之下，两人颇为投缘。当年的 11 月 6 日，熊晓鸽正式入职 IDG。入职后的第一份工作是把当时的《国际电子报》合并到《计算机世界》。麦戈文对熊晓鸽的办事方式较为满意，当时麦戈文正在考察亚太地区市场，于是让熊晓鸽陪同考察。

一路上，两人交换了各自对新兴市场的看法。当时 IDG 亚太地区业务分别由两位经理人打理，其中一个是香港人，常驻香港，负责新加坡、马来西亚等地；另一个是美国人，常驻台湾，负责整个亚太区。麦戈文提出，三个人共同拿出一份报告。

恰逢年末，圣诞节前夕，两位经理人都去度假了，而熊晓鸽则努力完成了这份报告。这样，麦戈文决定任命熊晓鸽为亚太区主任，后来又扶正为亚太区总裁。

就这一段戏剧性的经历,熊晓鸽之后在接受新浪访谈的时候回忆道:"完了一想,我说虽然我的报告被采用了,但我想看看人家的,我说麦先生你把他们俩的报告给我看看。他说他俩都没交,说他俩要去度假,很忙,所以你就照你的做吧,他们俩另外安排工作。所以后来美国驻台湾地区的办事处也撤回去了,后来那位经理人也离开公司了。另外一个香港的总经理,他后来移民到加拿大去了,没有听过他们怎么样说我不好,因为他们大概也没什么办法,因为给了他一个机会,他们俩都不写,那就不能怪我。"

【演习】

1. 观《亮剑》有感

有一个光头出现在门口,大家以热烈的掌声欢迎他的到来。

"老师,早上好!"

"今天早餐没有肉吃,只有汤喝。我姓汤,单名一个和,浓缩的精华都在汤里,以和为贵是我做人的宗旨。"这个汤老师有点幽默,用风趣的方式介绍自己的名字作为开场白,引得同学们都笑了起来。

汤老师首先给大家放了《亮剑》中的一个片段,讲的是八路军在李家坡受阻,李云龙主动请命,独创"手榴弹火力战术",通过用土工作业方式向前平行掘进 50 米,300 多名神投手在 30 秒钟内向对面的日本山崎分队指挥部集中投掷了 3000 多颗手榴弹,从而赢得了战斗的胜利。这种电影式教学方式让大家感觉很轻松,尤其对这些搞销售的"战争贩子"放映打仗的片子,更是有吸引力。于是,没有老师安排,大家就开始你一言我一语争吵开了。"我最喜欢李云龙。""狗日的小鬼子该打。"……

"这就是我今天跟大家分享的'七珍营养汤',它是美国领导力训练中心的史蒂芬·柯维博士所著的《高效能人士的 7 个习惯》(Seven Habits of Highly Effective People)中的第一个习惯——主动积极,算是洋为中用吧。"

主动积极——掌握你最大的自由,我们不能改变生命的长度,但我们可以选择生命的宽度。

高意愿的人一定是主动积极的人。

老师进一步借题发挥，边讲边在白板上画了三幅漫画："一个团队往往有三种人：第一种人是你推他一下，他就动一下；第二种人是你推他一下，他可能动二三下；第三种是自我推动。请问，你们愿意做哪一种人？"如果以打工仔的心态干活，常常计较眼前得失；如果以老板的心态干活，做自己事业的主人，就可能创造奇迹，创造机会。

2. 能为老师做什么？

"各位同学，观察一下，你能为老师做什么？"大家还没有反应过来，老师的葫芦里到底卖的是什么药？

有一位女同学眼明手快，一改纤纤作细步的姿势，快步上前，帮老师倒了一杯咖啡。这时其他人才发现，老师的水杯已经没水了。

"谢谢这位同学的咖啡！这位女同学就是'主动积极'的实践者。"

大家自觉地为女同学的表现鼓掌。

"我为同学们感到高兴！大家给他人的掌声很慷慨而不是吝惜，说明你们已经懂得去欣赏别人，而不是嫉妒别人，这是进步的标志！好啦！我们再来看一个有趣的比喻，请你们将英文字母 A 到 Z 分别编上 1 到 26 的分数 (A=1，B=2，…，Z=26)，然后分别计算一下'知识 (Knowledge)'、努力 (Hard-work) 和态度 (Attitude) 三个单词各自的得分。"

动作快的同学已经算出了得分，只是还不知道老师想揭示什么道理。

你的知识 (Knowledge) 得到（11+14+15+23+12+5+4+7+5=96 分）；

你的努力 (Hard-work) 也只得到（8+1+18+4+23+15+18+11=98 分）；

你的态度 (Attitude) 才是左右你生命的全部 (1+20+20+9+20+21+4+5=100 分)。

3. 朗读

老师的讲课总是让人充满期待，意味深长。平时同学们习惯于在课堂上开小差、打瞌睡以应对老师枯燥乏味的讲课，今天却人人聚精会神地听讲，并且参与的积极性很高。

"现在，请大家一起来大声朗读并牢记在心！"

读完，大家忍不住把热烈的掌声奖励给了自己。

"积极的人，像太阳，照到哪里哪里亮；消极的人，像月亮，初一、十五不一样。"

陈平脸有点红了，他觉得自己以前就像月亮，情绪容易波动。

"想法决定我们的生活，有什么样的想法，就有什么样的未来。"老师继续引导学员。

想法决定未来！韩信提醒自己一定要随时保持积极的想法。

4. 情景对话

"现在请六位同学来模演一段情景对话，其他同学注意分辨哪些是积极的想法，哪些是消极的想法。"

A："这是一个好机会，本部门的意见有正式渠道能够向公司反映。"
B："有意见当面跟上司讲都不接纳，还提什么案？"
C："不要被别人利用提案攻击才好。"
D："上司能重视我们的意见，我一定要提出好的意见。"
E："经理要求提案数量，交差就好。"
F："又玩新的花样，我打赌会不了了之。"

同学们显然听得出来，A和D属于积极的想法，难点在于轮到自己做当事人时可能就忘记了。"愿大家随时随地暗示自己，要以主动积极的心态来面对每一天、每一件事……"

老师又点开下一张PPT，展示在同学们眼前的是"主动积极与被动消极的语言比较表"。

表9-1 主动积极与被动消极的语言比较

	主动积极	被动消极
1	我现在就做……	等等再说……
2	我能……	我无能为力
3	我打算……	算了
4	应该还有其他可能性	除非……才能……
5	我一定能让他们接受	他们是不会接受的

对照上表,陈平对自己平时无意识的口头禅"算了""等等再说"从来没在意过,现在才知道原来这些都是被动消极的语言。

"被动消极的语言会腐蚀我们的行为,请各位务必保持高度的警惕性!"老师强调说。

5. 欣赏影片

第三节课一开始,老师先给同学欣赏了影片《拯救大兵瑞恩》中的一段,故事讲的是,士兵们对花这么多的人力、物力和财力去拯救大兵瑞恩,非常不理解,彼此发着牢骚。

同学们都沉浸在影片的故事情节之中,这部影片大多数同学都看过,不过却没有去深思其中所蕴含的道理,看电影吧,只不过是娱乐放松一下而已,没想到老师可以拿来说正事。

老师提出了三个问题,请大家分组讨论:

(1)如果你是士兵中的一员,你会如何看待这件事?

(2)如何你是带队的军官,你将如何面对下属的抱怨?

(3)如何你是瑞恩,你又会怎样看待司令部派兵拯救一事?

老师运用《看电影学销售》书中所讲述的这种生动的教学模式让我们备感新奇。

"如果我是被派去拯救的士兵，我可能也会像他们一样抱怨。"云奇率先开口。

"拿我们的生命去换取别人的生命？"

"拯救大兵瑞恩的意义何在？我想我们必须想清楚这个问题。"老师启发着大家的思考。

"给所有的国民传递一个信号：国家关心所有国民的生命，不惜付出代价，真正体现以人为本的精神。"

"给正在打仗和准备奔赴前线打仗的人传递一个信息：国家会关心你，让你感觉值得为国家付出。"

"让送儿参军的父母知道，国家会关心你的儿子，让你支持儿子参军。"

"我们要捍卫的就是这样一种信念：你为国家付出，国家就会为你付出；先不问国家为你做了什么，而要先问你为国家做了什么。"

格局决定气度！气度决定胸襟！

你站在哪个角度看？看同样的事不同的角度会有不同的态度。

一向自命清高的韩信读书时成绩总是名列前茅，心底里没佩服过谁，这位老师的思想深度和教学方式却让他有一种豁然开朗的感觉。

从小就顽皮捣蛋的胡大海一天下来，竟然头一次当了一回好学生，课后直呼"过瘾"。

满足长期目标的行动才是有效的！

有两种人无法超越自己：一种是只做别人交代的工作；一种是做不好别人交代的事。

【实战】

1. 结交朋友

课间休息 15 分钟，老师也没让大家闲着。除了上洗手间之外，老师要大家利用 10 分钟时间主动去认识至少 3 名同学。

2. 辞职

A 对 B 说："我要离开这个公司。我恨这个公司！" B 建议道："我举双手赞成你报复！！破公司一定要给它点颜色看看。不过你现在离开，还不是最好的时机。"

A："？"

B 说："如果你现在走，公司的损失并不大。你应该趁着在公司的机会，拼命去为自己拉一些客户，成为公司独当一面的人物，然后带着这些客户突然离开公司，这样公司才会受到重大损失，非常被动。"

A 觉得 B 的话非常在理，于是努力工作，事遂所愿，经过半年多的努力工作后，他有了许多忠实的客户。

再见面时 B 说："现在是时机了，要跳赶快行动啊！"

A 淡然笑道："老总跟我长谈过，准备升我做总经理助理，我暂时没有离开的打算了。"

其实这也正是 B 的初衷。只有不计较一时的得失，让老板真正看到你的能力大于职位，他才会给你更多的机会替他创造更多利润。

3. 长期坚持向一位老板写一封求职信，直到他给你机会为止。

4. 如何面对职场的竞争？

你来公司已经快 3 年了，部门主管的位置你觉得很快就是你的，可是不久前从其他部门调来了一个同事，据说可能要顶替这个主管的位置。你已经感受到竞争的威胁,这个时候你会怎么办?

5. 如何获得客户的赏识?

小王在 A 公司做营销,他觉得自己销售的产品一直没有得到客户老总的赏识,于是经常想:如果有一天能见到老总,有机会展示一下自己的才干就好了!

小李也有同样的想法,但他更进一步,去打听老总上下班的时间,算好老总大概会在何时进电梯,他也在这个时候去坐电梯,希望能遇到老总,有机会可以打个招呼。

小张则更为主动,他详细了解了老总的奋斗历程,弄清老总毕业的学校、人际风格、关心的问题,精心设计了几句简单却有分量的开场白,在算好的时间去乘坐电梯,跟老总打过几次招呼后,终于有一天跟老总长谈了一次,不久就争取到了订单。

讨论:请你比较 3 个人之间的差异,并说出对你的启发?

6. 如果你在销售一种产品,遇上一位客户一直抱怨你的售后服务很糟糕,这时你会怎么办?

分析:从这个问题的回答可以看出求职者会如何应对一些难缠的客户。面试人期待求职者不要显得那么容易屈服。

回答:我将向客户解释,我们公司向来以产品质量和优质服务为荣。然后我将向客户保证,我会尽一切努力来改善这种状况。接下来我会听他(她)抱怨,并查找问题的根源,做出必要的改进来满足客户。

7. 请描述你曾经在某种工作或生活/学习压力状态下是如何应对的?

分析:直接了解求职者对压力的反应。

回答:在从事有价值的工作时,任何人都会在工作中时不时地遇到压力。

我能够应付一定的压力，甚至在有些情况下还可以承受极大的压力。对我来说，应对压力的关键是找到一种方法控制形势，从而减轻压力的剧烈程度——通过这种方式，压力就不会影响我的生产力。我知道任何工作都有压力，如果必要的话，我会在压力下将工作做得很好。

评论：求职者对工作压力的本质和程度都有比较现实的期望。这种回答很有说服力，但又没有对压力表现出过度热情。求职者的表述还说明，他(她)在过去曾经应对过压力，而且还制订过策略有效地处理了工作中的压力。

8. 小组辩论

愚者错失机会，智者善抓机会，成功者创造机会。

周瑜的"一步三计"为什么输给了诸葛亮的"三步一计"？

敢担当：对结果负责

【案例】

一位刚毕业的女大学生，被招聘到肯德基当店员。在初入店的时候，她被分配去打扫厕所、刷马桶。在第一天去刷马桶的时候，她一直在抱怨。她说："我是什么身份？！我是名牌大学的学生啊，怎么可以让我做这么低贱的工作。让我去做文秘，坐在冷气房里才对啊。这个工作应该是给那些比较没有文化的人去做才对啊！"她不仅埋怨，而且每一次进厕所的时候都想要呕吐，受不了那个味道。因为那个女学生的家境非常好，她从来都没做过这种事情。她感到委屈极了。一个星期以后呢，她终于做出了一个决定，她想：我一定要辞职，无论如何我都不干了，今天我一定要把这份工作辞掉。结果是，从她辞掉第一份工作开始，在3年内，她每年至少要换5个地方工作。

思考：请你为女大学生做一次创业诊断，你认为她该如何完善自己才能取得职场成功？

广东步步高公司的掌门人段永平请人设计创作了《步步高》歌曲,以通俗易懂的方式倡导"说到不如做到,做到就要做到最好"的企业理念,这是很有道理的。中国企业的员工普遍缺乏责任感,长期信奉"没有功劳,也有苦劳"的计划经济时代的观念,导致付出了成本,却没有创造相应的绩效。对结果负责,就是要讲究投入产出率,要想尽办法把事情做成,既讲成本,也要讲效益。成就力强的人在行动上具有为实现长期目标锲而不舍和敢担当的特点。

在"影响销售业绩的因素"调研中显示,多数成功的销售人员都有突出的坚韧不拔、锲而不舍的"行动导向"特质。尤其是对可能的业务机会,从不轻易放弃!

表 9-2 影响销售业绩的因素表

	影响销售业绩的因素	百分比
1	**完全彻底跟进**	**78%**
2	**争取客户的强烈意愿**	**59%**
3	知识愿意分享	40%
4	产品知识	40%
5	产品与客户需求的匹配度	29%
6	服务技能	28%
7	销售前的准备	20%
8	商务礼仪	15%
9	经常与客户保持联系	9%

【演练】

1. 谁要这 20 元?

老师没讲一句开场白,手里却高举着一张 20 元的钞票,面对教室里的学生,问："谁要这20元？"一只只手举了起来。

他接着说："我打算把这20元人民币送给你们中的一位，但在这之前，请准许我做一件事。"他说着将钞票揉成一团，然后问，"谁还要？"仍有人举起手来。他又说，"那么，假如我这样做又会怎么样呢？"他把钞票扔到地上，又踏上一只脚，并且用脚踩它。而后他拾起钞票，钞票已变得又脏又皱。"现在谁还要？"还是有人举起手来。

"同学们，你们已经上了一堂很有意义的课。无论我如何对待这张钞票，你们还是想要它，因为它并没贬值，它依旧值20。人生道路上，我们会无数次被自己的决定或碰到的逆境击倒、欺凌甚至碾得粉身碎骨。我们觉得自己似乎一文不值。但无论发生什么，或将要发生什么，你们永远不会丧失价值。肮脏或洁净，衣着齐整或不齐整，你们依然是无价之宝。"

老师最后点评道：生命的价值不依赖我们的所作所为，也不仰仗我们结交的人物，而是取决于我们本身！我们是独特的——永远不要忘记这一点！

2. 从两则空难事故看执行力

韩国航空公司的班机在降落时发生了故障，几分钟后就会发生爆炸。而在该机组空姐的疏导下，全体人员在两分钟内撤离了飞机。最后一名空姐检查完并确认机上已无人后跳出机舱，这时飞机已陷入大火之中，旋际，一连串的爆炸开始。

我国西北航空公司的TY-154飞机，飞行前两天决定更换Ⅱ KA—31减震交换平台，由于操作人员错插Ⅲ7、Ⅲ8插头，错插后地面通电试验又未检查出(6月4日维修后未检查出，6月6日起飞前未检查出)，从而导致6月6日TY-154带着Ⅲ7、Ⅲ8错插故障起飞。最后导致飞机的动稳定性变坏，使飞机失去控制，造成飞机空中解体。如果飞行前做一次严格的检查，如果飞行员训练有素，在塔台工作人员的指挥下，处理果断一些，160人的生命将会得以挽救。而幸运之神一次一次被错过了。

讨论：造成这种结果的差异，反映了我们与国际服务水平存在哪些差距？

工具：PDCA 工作循环

"老师，您的话非常有道理。我认为自己有了高意愿，也想对最后的结果负责，但觉得自己能力不够，而且缺少工具和方法。"有的同学忍不住说。

"这个同学的问题提得很好！关于能力问题，我在下一次课上跟大家讲解如何打造自己的核心专长；关于提升执行力的工具和方法，正是下面我要跟大家一起学习的。是的，为了提升执行力，我们应该借助一些有效的工具，现在就要教同学们一个跨国公司常用的制胜法宝——PDCA 工作循环。"老师一边微笑地看着提问的同学，一边用缓慢低沉的语气说道。

PDCA 即计划（Plan）、执行（Do）、检查（Check）、处理（Action）的首字母组合。这原本是产品质量控制的一个原则，但是它不仅仅能控制产品质量管理的过程，还同样可以有效管理员工的工作质量。

PDCA 循环又称"戴明环"，是美国戴明博士首次在日本公司推行成功的管理工具。PDCA 循环是能使任何一项活动有效进行的一种合乎逻辑的工作程序。由"计划（Plan），执行（Do），检查（Check），处理（Action）"这四个密切相关的阶段构成的工作方式，成为 PDCA 循环。该循环就如一个按照四个阶段不断滚动的动力。PDCA 的意义在于，每一项工作，都是一个 PDCA 循环，都需要计划、执行、检查结果，并进一步进行改进，同时进入下一个循环，只有在日积月累的渐进改善中，才可能有质的飞跃，才可能完善每一项工作，完善自己的人生。

PDCA 的特点在于，大循环套小循环，小循环又套更小的循环。它们分别表示整个企业的，企业内部各单位以至各个班组的 PDCA 循环。这些大小循环构成一个有机整体，都在不停地旋转，这意味着整个公司全体员工都在为提高工作质量而努力。

PDCA循环每滚动一次，产品或服务质量就提高一个新水平，就如上了一个新台阶。

作为推动工作、发现问题和解决问题的有效工具，典型模式被称为"四个阶段""八个步骤"。

四个阶段：

无论哪一项工作都离不开PDCA的循环，每一项工作都需要经过计划、执行计划、检查计划，对计划进行调整并不断改善四个阶段。

1.P（plan）——计划。包括方针和目标的确定以及活动计划的制订；

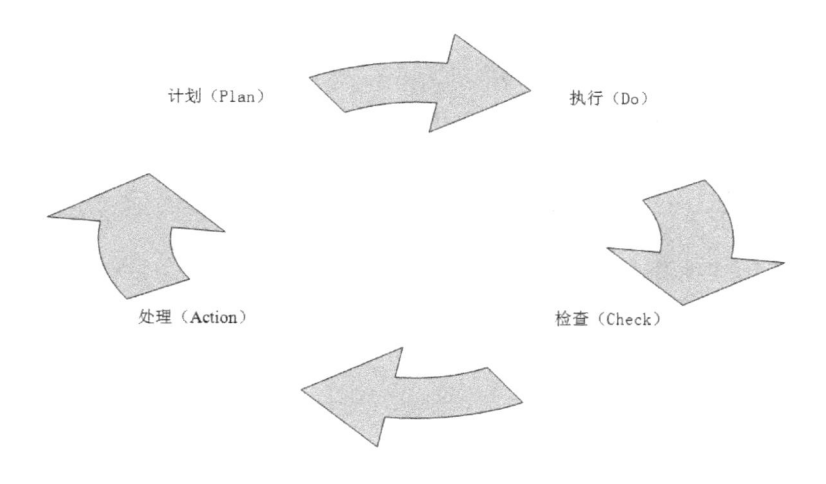

图 9-1 PDCA 工作循环

例如，日计划的五个步骤。

日计划就是每天要花一些时间规划你的活动。任何计划，都要落实到每一天的行动计划中，也就是说要付诸到每一天的行动中。无论选择何时你都可以写下你当天的工作，即使你的日计划仅能成为一个有效快速的过程(工具表单)。

日计划的五个步骤：

(1) 写下任务；

(2) 估计做事的时间长短；

(3) 留些缓冲时间给未预见的事情（60/40规则）；

(4) 确定优先顺序，简化及授权；

(5) 追踪与检讨。

在日计划中，复习你的人生计划，复习你的年度目标，同时也复习你的月重点目标和你的周目标，因为你每天都在做一件事情，在你的脑海里，首先想的就是你多年的计划，就是你的人生目标。你一直都在想的一件事情就是把它白纸黑字地写下来，这样你就有了年计划，之后有月计划重点、周计划重点，有了计划重点就会引导你的日计划，你做这些事情有没有离你的目标更近，如果你做得不好，就离你的目标更远。

你每天所做的事情，是否与周目标吻合。或者说累计一周以后，你所做的事情是不是跟你的月目标吻合，而你每个月做的事情是不是跟你的季目标吻合。你今年所做的事情是不是跟你的人生目标吻合。长期的目标是否制定得非常具体、非常合理，而且有时间可以完成，甚至你设定一个期限，有了这些以后，你才能够逐步地安排你的月计划、周计划，这样便可以了解到日计划的重要性。

日计划五个步骤的好处：

◆对第二天有准备。

◆集中到重要事情。

◆借着任务整合，合理地实现目标。

◆控制人生目标或年度目标的进度。

D（Do）——执行。执行就是具体运作，实现计划中的内容。

C（Check）——检查。就是要总结执行计划的结果，分清哪些对了、哪些错了，明确效果，找出问题。

A（Action）——处理。对总结检查的结果进行处理，成功的经验加以肯定，并予以标准化，或制定作业指导书（SOP），便于以后工作时遵循；对于失败的教训也要总结，以免重现。对于没有解决的问题，应提到下一个PDCA循环去解决。

八个步骤：

（1）分析现状，发现问题；

（2）分析问题中各种影响因素；

（3）分析影响问题的主要原因；

（4）针对主要原因，采取解决的措施（5W2H）；

——为什么要制定这个措施?

——实现什么目标?

——在何处执行?

——由谁负责完成?

——什么时间完成?

——怎样执行?

（5）执行，按措施计划的要求去做；

（6）检查，把执行结果与要求达到的目标进行对比；

（7）标准化，把成功的经验总结出来，制定相应的标准；

（8）把没有解决或新出现的问题转入下一个PDCA循环中去解决。

第 ❿ 课
练就一手绝活
LIANJIUYISHOU JUEHUO

"万贯家财，不如一技在身。"苏秦现身说法，他以三寸不烂之舌纵横驰骋天下，成就千伙伟业。

"我们前面学的都是立足职场的基本功，这些基本功很重要，它们是构成创业能力的关键要素，然而，还远远不够。你必须根据自己的兴趣、天赋与创业定位，以十年磨一剑的精神，打造属于你的核心专长，通俗地说，就是练就一手绝活。"

"什么是绝活？"

"简单的动作练到极致就是绝招。"

"如何才能练就绝活？"

"一寸宽，一千米深。"苏秦言简意赅，却又意味深长。

"找到一寸宽的地方，长期坚持下来在这个一寸宽的小领域里挖一千米深。"苏秦看着大家迷惑的眼神，补充道。

练什么：专长的确定

"练什么——专长的确定，这是一个很重要的问题，我们通过分享疯狂英语创始人李阳的成长案例来切入我们的主题吧。"教授开门见山。

【案例】内向自卑的李阳如何突破自己？

因"疯狂"而辉煌的李阳，当年曾是个让父母几乎绝望的孩子。他内向、自卑、极端自闭。在家里，来了电话他不敢接，来了客人他就躲；在学校里，老师一提问他就成为被大家嘲笑的对象。后来他跌跌撞撞考上了远在大西北的兰州大学工程力学系。大学前三个学期大面积补考，英语更是连年不及格，失败像影子一样跟随着他。

"我一定要找到一个超过别人的东西，否则，这辈子我就完蛋了……"李阳决定设立一个目标，向过去挑战，向自己挑战。此时，全国英语四级考试为他提供了一个契机，他选择英语作为突破口，发誓要通过四个月后举行的国家英语四级考试。李阳发现，在大声朗读英语时，注意力会变得很集中。于是，他就天天跑到校园的空旷处去大喊英语。十几天后，李阳来到英语角，别人很奇怪地说："李阳，你的英语听上去好多了。"

"根据你的兴趣、天赋、性格与价值观，你已经初步确定了你未来的创业发展方向——创业定位。根据该创业的岗位胜任力模型，围绕创业核心能力来选择练就一种绝活。比如，广告文案创意、事件营销、软性文章写作、营销策划、销售、客户服务、商业秘书、商业设计等，不过，要根据工作岗位的胜任力来选择，而不是大学所学专业来选择。鉴于鬼谷子商学院致力于成为中国营销创业教育领航者，以及市场对销售人才的旺盛需求与有效供给不足的现状，我们前期重点集中在对'销售人才'的培养，现在就以'销售能力'作为核心专长来举例说明如何练就一手绝活。"教授对练就什么样的核心专长抛出了自己的独到见解。

1. 销售岗位的工作分析

不管大学生所学的专业是什么，可能毕业后所做的第一份工作是销售。一是市场对销售人员的需求大，市场经济最大的特点是产品和技术再好，卖出去才是硬道理。

表 10-1 销售岗位工作说明书（以施乐公司为例）

职位名称	销售	类别	营销类	职位编号	
部门	销售部	直属上级职位		销售部经理	
直接下属职位/人数					
工作协作关系	内部关系	销售部、客户服务部、研发部、财务部、生产部			
	外部关系	经销商、零售商、用户			
工作概要	主要职能：通过以下努力实现既定的销售经营计划目标：发掘新客户，开发和维系客户，识别客户对产品的需求，通过书面建议使施乐现有产品与客户的需求相符，展示施乐产品，签发产品订单，解决客户疑难问题，确保恰当安装产品，培训客户恰当使用产品，通过对客户的关心拜访保证客户满意				

		工作任务	工作标准
主要工作职责	实施客户探查拜访	计划、组织和优先安排下列日常活动：客户探查拜访、客户约会、客户关系拜访、客户跟进服务、客户培训、展示和内部会议	
		每天对15~30个客户进行探查拜访，以识别潜在的新业务或发展与原有客户维系良好关系	
		通过向客户员工直接提问了解关键决策者信息	
		提出探索性问题并聆听客户的反应以了解潜在的产品要求	
		书面记录客户信息（如客户名称和地址，现有产品的类型，客户对新产品要求），建立所有潜在客户的档案	
		按客户地址分发名片、销售手册及其他促销信息，建立与潜在客户的联系	
	与客户约会	安排与客户约会，进一步明确顾客对产品的要求	
		通过探索性问题（如现在使用的产品，对现有产品的满意度，现有产品的租赁合同，每月复印数量、复印类型，外送复印工作量，对产品未来的要求）了解客户的感受及信息，确认客户对产品的要求	
		解答客户关于施乐产品和服务的问题	
		书面记录与客户访谈的结果和推动拜访的必要措施	
		协助技术总监拟定工厂的各种机械方面的新技术、新产品的引进计划，提供专业性的思路、意见或建议，并组织工厂实施	
		参与各种机械方面的新技术、新产品的技术评审，提供必要的技术数据及建议，供公司决策参考	
		协助采购部选购技术产品，并提供采购建议	

表 10-1 销售岗位工作说明书（以施乐公司为例）

续表

		工 作 任 务	工作标准
主要工作职责	客户跟进	通过各种渠道（如书面文件，现场指导人员，销售经理或其他销售代表）收集信息以解答客户的问题 回复客户电话，解答问题并提供相关信息 汇总客户电话的要点，撰写客户跟进感谢信 将新的产品信息和促销信息通过邮寄方式（如传单、小册子）通知客户	
		参与项目的立项、可行性分析、审核、设计、施工监督、验收评审工作	
	撰写书面销售建议	与销售经理或其他销售代表讨论客户要求，并制定满足客户要求的战略	
		将信息输入销售变动定价数据库，获取产品的成本和财务信息	
		通过基本运算（+、-、×、÷）计算财务要素和财务原则，获得所有权成本信息	
		撰写包括推荐产品、提供产品、服务和财务信息的销售建议书以满足客户	
	组织产品	与客户约定展示产品	
		清洗和检查产品，以保证产品演示质量（如复印质量，无夹纸）	
主要工作权限	1.	各种机械产品的技术改造的建议权	
	2.	各种机械方面的新技术、新产品、新工艺引进的建议权	
	3.	各种机械产品的生产运行的跟踪检查权、审计权，发现危险时可以紧急叫停	
	4.	各种机械产品的故障排除的建议权	
	5.	各种机械产品的采购建议权、评审权	

2. 销售岗位的素质模型

素质是一种可以驱动一个人在工作中产生高绩效行为的特性。

冰山理论告诉我们知识和技能只是冰山一角，被外人看得见；而动机、个性特点、自我形象和社会角色隐藏在冰山底下，不被外人甚至自己所知，然而，冰山底下的这些东西却是影响一个人素质的根本因素。也就是说，如果要提高一个人的素质，不能只停留在知识的传授和技能的培训上，必须高度重视动机、个性特点、自我形象和社会角色的发现与修炼，只有这样才能促成一个人真正意义上的改变。

素质模型是指能够针对特定的组织、族群、角色来区分绩效的一系列相互关联的素质。这一系列的素质必须是与绩效直接相关的素质组合，而且彼此之间有一定的关联性。一个素质模型往往是针对一个公司的要求量身定做的，必须要符合公司对某些岗位的员工的要求。

【案例】两个客户经理的不同反应

客户经理 A：有一个大客户提出一个新的电信业务需求，A 接到前台任务书后，按照自己的专业思路与技术特长设计了一份业务解决方案递交到客户手中，但是客户并不满意。

客户经理 B：B 遇到同样的问题，他打电话给前台人员和客户，以便更深入地了解客户需求。他发现客户实际需要另外的解决方案，于是他按照明确后的需求做了一份解决方案递交到客户手中，客户非常满意！

为什么会出现这样的差异？

答案就在素质冰山里！

李嘉诚在 1998 年谈到他 17 岁的时候已经知道自己将来会有很大机会开创事业。因为，当时他就抱定这个信念坚定不移，"在逆境的时候，你要问自己是否有足够的条件。当我逆境的时候，我认为我够！因为我勤力、节俭、有毅力，我肯求知及肯建立一个信誉。"

根据华为公司的研究结果，优秀销售人员的素质模型包括六个要素：成就导向、信息收集、主动性、适应能力、人际关系和服务意识。如图 10-2 所示。

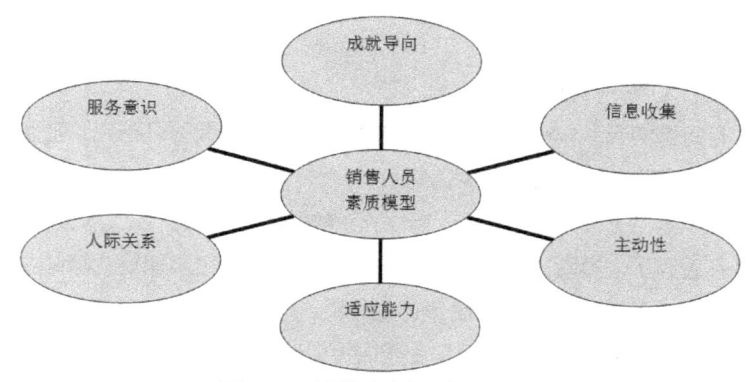

图 10-2 销售人员的素质模型

如何练：方法的选择

"滴水穿石，百炼成钢，打造创业能力。"鬼谷子把它作为训练的文化张贴在教室里。

"下面，我们先对销售人员的素质模型进行讲解，并诠释如何在实训中去磨炼。"

◎成就导向：迎接困难的挑战；希望自己的表现超过他人，有表现自己能力的强烈愿望；力争达到优异的标准；不断追求进步；关注后果和效率，注重代价和奖赏分析。成就导向的表现：

1. 努力将工作做得更好，或达到某个优秀标准。

2. 想方设法提高产品性能或工作效率；为自己设立富有挑战性的目标，并为达到这些目标而付诸行动。

3. 在仔细权衡代价和利益、利与弊的基础上作出决策，为了获得较大利益敢于冒险。

【案例】一只名叫"信念"的狗

2008年末，美国著名杂志《人物》令人瞩目，破天荒地让一只狗登上了它的封面。这究竟是一只什么样的狗？

严肃的《华盛顿邮报》对这只狗这样描述："它是降临在浮躁的美国的一种力量；它是笃定而欢快地照耀在任何一位迷失者前方的一盏路灯；它是早就藏好了眼泪和悲伤，却只表露笑容的一种幸福。它的名字叫信念，它是一只两条腿、像人类一样直立行走的狗。"

时间追溯到5年前。一天，一户人家的母狗产下一只雌狗，把主人和狗妈妈吓了一大跳：它只有后面两条腿。

狗妈妈见是一只"怪物"，于是拒绝哺乳。主人见状，也心生厌恶，狠心地将它丢弃了。冷清的街道上，这只小狗凄凉的啼叫声像婴儿啼哭。有人走近一看是只奇丑无比的小狗，便侧身走开了。小狗的叫声渐渐衰弱下去，眼看就要淹没在这尘世间了。这时，一个美丽可爱的小姑娘发现了它。她弯下腰去看，小狗有着毛茸茸的身子，用一双后腿奋力地支撑着想站起来，一双眼睛还挂着泪珠。

小姑娘心生爱怜，将这只小狗紧紧地抱在了怀里。小狗乖顺地依偎着她，很快安静下来。

在小姑娘的精心照料下，这只小狗不仅奇迹般地生存了下来，而且还学会像人一样用后面的两条腿直立行走，煞是可爱。小姑娘给它取了一个好听的名字——信念。

它的眼神如母亲一般慈祥贴心，它常和孩子们玩赛跑的游戏；它为那些孤独冷漠的老人带去了久违的欢笑；它常和主人在少管所矜持而严肃地走路，把那些被管制的孩子感动得泪流满面；它还成为美国受伤士兵的"心理医生"——它身着迷彩服，就像是一个坚强的战士，逗得人们开怀大笑；它还到电视台作为特殊嘉宾，接受主持人的采访。

它的故事感动着越来越多的人。正是这样，从来只关注各界名流的《人物》周刊，竟然把封面的位置留给了一只叫"信念"的狗。

"信念"做到的，作为我们人类不一定能够做到，这就是"信念"给我们人类上的很好的一课：不能四条腿行走也没关系，那就直立起来行走，这样，还能看到一种更远的风景呢！

（选自《读者》2010年）

问题：这只叫"信念"的狗给了你什么启发？

点评："信念"这个东西也像狗一样，它对你非常忠诚，对你的影响很大，好的信念助你成功，坏的信念会使你失败。面对人生逆境或困境时所持的态度，比任何事都来得重要。只要你有了某种信念，它就会自动引导你的脑子去过滤一切跟它相反的信息，只接纳与之相同的信息。

生存训练

生存训练是指在身无分文的情况下，让你到一个陌生的城市，看你如何解决吃住行等生存问题。我们设计"生存训练"项目就是让学生接受极限挑战，对其心态、信念、适应能力、沟通能力和人际交往能力有一个综合的训练。下面就是我们参加生存训练项目的同学写的生存训练日记。

（日记内容见 P18—20）

◎信息收集：对于我们，信息就像阳光和空气，它点燃了创造智慧的火花，它照亮了通向未来的道路。信息收集包括信息的 5W2H 以及根据收集到的信息进行分析，并制定策略与行动方案。我们通过让学生从项目的发现、洽谈、调研、策划与执行来全方位锻炼学生的信息收集与运用的能力。下面是刘志让同学所写的促销策划方案，为体现真实，我没有对其进行修改。

"好好拖"促销策划方案

一、目的

我们的产品现在没有得到很好的推广，而且现在销售进入了一个瓶颈期，刚刚有了点成绩但却不知道到底如何做下去才能有一个新的突破，这对于我们来说确实是一个很大的困扰！需要找到一个新的方案才能进一步地去突破！

二、初步的市场调研

1. 现在"好好拖"的市场总的来说是比较混乱的，现在市场上主要有以下几个品种，首先就是"好好拖"自己的品牌，目前知道的有"家欣牌"的"好好拖"，它的市场相对的占有率不是很大，价格也和"拓扑牌"的差不多，可以说属于同一层次的产品。现在比较有威胁的就是"好神拖"，它也分了几个品牌，它的价格有高的也有很低的，其中有些只要几十元。也有价格高的品牌，像那个"美丽雅"的品牌就是比较贵的，可以说"好神拖"的威胁是最大的，其他还有几种类似的产品，品质比较差，基本上都构成不了什么威胁！

2. "拓扑牌"好好拖的市场知名度比较低，现在市面上比较知名的就是"好好拖"和"好神拖",但是就市场影响和使用效果来说,"好神拖"差一些,售后服务没有做到位!客户普遍反应不是很好!

3. 现在市场主要分布在一些新建的高中档小区。就拿河西这一块来说吧,我们现在知道的有英才园、咸嘉新村、麓谷高新科技园、金色家园、西山汇景、枫林园等,但是目前很多的市场都被"好神拖"占据了,它们的价格比我们低的优势容易被人接受,但是在品质和售后服务上却比不上我们!

三、初步计划

像各个大的商场一样,做促销活动,只不过人家那是大型的,我们这个是小规模的,我们一个点一个点去搞定(下面会具体举例说明如何执行,像咸嘉新村)。我们可以先在一个小区里选一个地方做促销活动,然后去小区里的超市建立分销网点!我们拿一小部分提成,一个小区一个小区地做,做完之后都建立分销网络,这样就可以有效地起到推广我们产品的作用!

四、详细举例

1. 地点:咸嘉新村

2. 时间:3月27日、3月28日(周六、周日)周六阴天,周日多云

3. 成员:三到四人

4. 具体明细

早上8点钟出发,大概8点15就能到达目的地,晚上7点钟左右收工!因为我们是第一次做这样的促销,所以第一天会叫上我们的老板罗姐给我们做现场指导。我负责说服她腾出时间来给我们做指导!让我们的队员通过实战迅速地成长!为以后的各个点的促销打下基础!(每人都要带好笔记本)

5. 预算方案

卖价是158元,进价是110元,是我们的促销价格,超市实价是168元,(要不就是价格不变,我们可以选择送礼品的方式)按老板平时做促销的个数是每天20个,我们做促销两天的个数是20~30个之间(保守估计),利润就是960~1440元(每个利润是48元),我们的场地费大概是400元(两天),车费以及一些广告纸的费用大概是130元,(车费80元、广告纸的费用50元),四个成员的费用大概是320元(每人每天40元,或者是按每人20元底薪和每卖一个8元算),以及其他费用100元左右(饮水什么的)。所以我们一天的

利润是 10～490 元，做完这个促销我们可以寄放一些成品到附近的小区超市里卖，就算一个月的销售量是 20～40 个（考虑到小区的购买力以及小区的饱和度来综合评定），我们的提成是 200～400 元！

所以我们每做一次促销的盈利是 210～890 元！（这个要考虑到具体小区来定，咸嘉新村相对来说大一些，购买能力也强一些，自然市场也会大一些，而有些小区的话可以只做一天促销！这个我们得根据收集到的数据建模，列出函数，取抛物线的最高点是最好的！（这个我们都不是很懂，恐怕得专业人员才能做得了）投入主要是前期的物业费 400 元，可能要拿这么多货就要 1000 元左右，所以投入是 1400 元左右！但是一旦我们上了轨道的话，投入的钱就会越来越少的！我们可以省掉一些成本费，我们的经验也会为我们节省很大一部分的费用，比如说我们的销售技巧如果越来越成熟，我们的销量自然也就会上升！这肯定要有严格的管理才能达到的！

6. 风险预测

A. 下雨

先看天气预报，选好时间，这是决定成败的关键，确定下雨的概率是多少，制订应对的方案！制订两套应急的方案，万一下雨了怎么办，影响销售额了怎么办！（首先要和附近超市联系好，前提是不要淋湿了货物，可以去那里避雨。）

B. 客户的需求

做好市场调研，基本确定小区的需求量、购买力、存在的竞争对手，以及他们在小区的占有率！做出准确估测，确定小区大概能卖多少个，再做出具体方案！

C. 物管的物业费过高

先和物管分析利弊，说明我们的立场，我们是学生，和他们好好说，他们要的是钱，只要好好说，一定能成功的。既然他们要的是钱，钱多比钱少好，钱少总比没钱好。如果物管实在一根筋的话，我们就换个物管说，如果是一样的效果的话，那我们就只能换个地方！如果不超过预想的 15% 就可以尽量去满足！

D. 人员管理出了问题

若长久地做这个促销，队员难免会有情绪，重要的是去理解队员，站在他们的角度去想问题，看能不能解决，能解决的尽量解决，解决不了的再去做队员的思想工作！一切都要以完成任务为主，每天的促销都要给自己和队员制定一个小目标，朝着这个小目标去执行！

E. 货物不能及时到达

我们在没有卖之前就要和老板说好可能会随时给我们送货，确定好地点，以及给我们送货的时间。如果老板没有货，或者是不能及时送达，我们可以给客户发广告纸，给客户解释清楚，对有意向的客户尽可能留下电话号码，方便去跟单，我们可以送货上门。

五、总结

对于以前我们销售成绩不理想、没什么效果、半死不活的原因，我觉得有以下几点：

1. 没有有效的管理团队，有时候自己都没以身作则，也就没有权威去要求别人怎么做！

2. 我们总体的销售能力不是很强，不是说队员的能力不行，是我们没有经过专业训练，我们对拖把的一些专业知识都不是很了解，很有必要请罗姐给我们做几次培训！

3. 我们产品的优势，我们没有去突出强调，老是被别人在价格上问死，没有去突出我们产品的品质，以及我们产品和其他产品的最大区别！

4. 每天在做促销之前没有一个完整的策划，有时候都是听队员的，没有主见，没有一个系统方案供大家去选择，感觉这个团队很业余！

5. 我们在做销售时服务态度不行，我们很多时候都不是在微笑服务！所以说客户有时候不是很乐意买甚至是看我们的产品！我觉得这个是我们的缺点，也是我们需要改进的地方。

6. 我们的胆子不是很大，我们在做销售的时候还是放不开，不能拿捏一个度，很难去打动客户！

学生刘志让
3月25日

◎主动性：个人在工作中不惜投入较多的精力；提前预计到事件发生的可能性，并有计划地采取行动提高工作绩效、避免问题的发生，或创造新的机遇；这种品质也被称为决断力、策略性的未来导向和前瞻性等。主动性表现为：

　　1. 在工作中自觉地投入更多的努力和精力。
　　2. 及时发现某种机遇或问题，并快速做出行动。
　　3. 提前行动，以便创造机会或避免问题发生。

亿万富翁招亲的故事

鬼教授刚到教室门口，同学们就全体起立，齐声高呼："老师，早上好！"

对鬼教授这位育英才的著名导师，大家总觉得上课的时间太短，总希望鬼教授能亲自多传授一些成长之道。

"有一个亿万富翁只有一个女儿，视其为掌上明珠。年方28，长得如花似玉，知书达理，琴棋书画无所不精，只是性格有点高傲，一直未找到如意郎君。当父亲的很焦急，迫不得已在报纸上为女儿打了一个征婚广告，文字虽然朴实无华，可含金量很高。于是乎，应征者如云，小伙子们过五关斩六将，终于有5名表现优秀者杀入决赛。管家把5名准姑爷带到后花园的游泳池边，开始宣布比赛规则：'谁能以最短的时间从游泳池的这边游到对岸，我家小姐就嫁给谁！'"

讲到关键处，这位鬼教授停下来，面带神秘的微笑，用目光扫视同学们。

不就比游泳速度吗？游泳高手开始暗自窃喜。

"小伙子们正准备一试高低时，却发现游泳池里有几条凶猛的鳄鱼，一下子就傻眼了，全场一片沉默。"

"几分钟难耐的寂静，突然扑通一声，有人勇敢地跳下池子，并以最快的速度游到对岸，难道鳄鱼对他嘴下留情？"

小伙子不仅抱得美人归，而且继承了岳父的事业。

"为什么你就不怕？"事后有朋友采访这位不怕死的勇士。

"不知道是哪个缺德的小子把我推下去的。"小伙子如实回答。

"请问大家从这个故事中得到了什么启发？"

鬼教授的故事一开始就把大家的注意力牢牢地吸引住了。

"要勇敢!"

"要善于抓住机会!"

"运气很重要!"

"大家讲得都有道理,但都不全面,也没有讲到点子上。"

毕竟是名师,一来就把大家给镇住了。

"从这个故事中我们至少可以总结出三点:一是发现机会要勇于去争取;二是成就事业要有足够的动力;三是借助外部强制的推力。"

原来如此!鬼院长喜欢用"三"这个字,显得全面而深刻。

◎适应能力:对环境的变化做出正确的反应,以对失败、挫折不屈不挠的积极心态战胜困难。

乞丐体验

大学生一直生活在学校与家庭之中,缺少社会的历练,往往面对陌生的环境、陌生人无所适从。为了在短期内对学生的胆量、脸皮、意志力、沟通、观察和细心等适应能力进行突破,我们采取一种极端的方式来训练学生,那就是让他(她)们当乞丐。下面是学生的乞丐体验日记:

今天我是丐帮弟子

夜深了,我久久没能睡着,回想今天的体验式乞丐生活,感触很深,不仅仅所谓的胆子变大了、脸皮变厚了,经历的背后其实有着更多的东西需要我们去体会、去感悟。

下午,我们组四人,怀着激动的心情,满脸兴奋地踏上了体验乞丐生活之旅。很快我们到达了目的地——芙蓉广场,找到一处地方,来往的人还比较多,便开始了我们的乞丐生活。我们用粉笔写下了乞讨原因,同学患重病急需医疗费的故事。中文中带有英文,随后我们三人,我、李哥、玉超,都跪在地上,希望我们的行为能感动路上的行人,同时能给我们点支持。经过的人有匆匆忙忙的、有优哉游哉的,形形色色,面对我们的举动,投来鄙视的、嘲笑的、厌恶的表情,当然也不乏有那么一些好心人过来看看,但都只是看看而已。跪着的我们觉得有点心寒,玉超更是觉得郁闷,对于行人的无情与冷漠很是气愤,为什么在别人无助的时候有的人只是像看戏一样，永远只是观望。跪着的时间一长，膝盖真的很痛，想站起来都有点站不起来了。时间一点点地过去，可是还没看到一个人给我们投钱。这样不行，最后我们决定让一个人去跟路过的人直接说，看能不能讨点钱。

李哥让丕超第一个去，去挑战自己。丕超有点犹豫，可能担心被拒绝，在我和李哥的激励下，丕超走了出去，但还没等他开口，那些被他迎上前想要去交流的人全像碰到打劫的人一样，给吓跑了。丕超很无奈，有点受打击了，回来跟我们说还是不行。

李哥便让我也去锻炼一下，试着去跟陌生人交流，走过去的那一刻，我也是犹豫了好一会儿，他们的眼神与表情让我看到了他们的瞧不起与讨厌，但我在0.1秒的时间里说服了自己，找准目标，开始了与第一个陌生女子交流。当我跟她说的时候，她并没有停下来，我边走边跟她说，当时我真的说得很诚恳，完全忘记了我只是去体验的，故事是编的，完全融入角色了。最后那女子很爽快地给了我两元5角，那一刻我真的打心眼里开心，一直很不自信的我一下子有了底气，我发现任何事只要做到足够认真与投入了，做人付出足够真诚了，将会给你带来很多惊喜与收获。

回到原地方，轮到李哥了，李哥跟我说看到了目标去说肯定会给钱，要丕超去，丕超由于前一回的原因没敢去，最后李哥去了，拿回了3元钱。接下来在前一次的经验下我拿到了好几次钱，此时的丕超被激发了，他下决心不拿到钱就一直做下去，这一次还真的功夫不负有心人，一次还拿到了5元钱。我和李哥打心眼里为丕超高兴，他突破了自己，在心理上最终战胜了自己。在这个过程中还得学会看人，有些人一看上去是打死也不会给钱的，而有些人只要让他真的感受到了你的难处，是会伸出援助之手的。当然，我更愿意去挑战那些是打死也不给钱的，因为我始终相信他们的内心还是善良的。因为乞讨的人大街上天天有，很多都是骗人的，谁都不愿意被骗……有些人由于曾被这种乞讨的人骗过更是对这种事避而远之，我想那样的乞讨者确实不值得去可怜，甚至应该遭到痛责……

在我们以第一种方式进行了一个多小时的乞讨后，经合计我们进行了第二种方式乞讨——流动式乞讨，碰到人就去说明我们的情况，根据不同的人使用不同的表达方式。大部分的人表示同情，大部分的人也都愿意献出他们的一份爱心，不在乎钱的多少，在乎的是一个人的心意。在这个过程中，我们向一个高中生进行了乞讨，真的很感动，他从袋子里费力地掏出被裹得严严实实的钱，还是从穿在里面的裤子掏出来的几元钱，真的不容易，真的很感谢他。还有就是要想让别人能够信任你接受你，在交流的过程中就得注意你的语言、你的表情等，这些都很重要，一定得让客户看到你的真诚及突出对方的善良与爱心。

在最后一种方式里，我们还是采取蹲点的方式，但就只写了两个求助，然后全跪下来。跪的过程真的特别难受，那个痛说不出来，好多人都觉得很好奇，求助？到底是为了什么求助呢？一些人在嘀咕着，一些人来跟我们说，这样不行没人给钱的，得把你们求助的内容写出来会好点，也有人耐不住好奇，跑过来问，也有人看我们三个人都跪在那儿，又只写了"求助"两字，看我们可怜，一定是真的遇到了什么困难，没说话，给了钱。也有人问怎么了，知道详情之后，马上掏钱给我们。从这些人的举动中，不难看出在同一个事上不同的做法表现出的不同心理，结合自己的生活，其中有太多的东西需要我们去思考。

回到学校之后，姜教授请我们吃了饭还拍了照，当时我们确实挺饿的，但更多的是感动，真的很感动。这一趟乞丐之旅体现了老师的用心良苦，让我们在乞讨中真真切切地体验生活、感悟人生。经历这趟乞丐之旅，我们可以自豪地说，我们连乞丐都做了，在以后的生活中还有什么不敢做的。乞丐之旅，真乃人生一场难忘之旅。

◎人际关系

"权，然后知轻重；度，然后知长短；物皆然，心为甚。"只有了解它，才能把握它。牢固的市场关系是开展市场营销的坚实平台；市场关系是"项目成长的土壤，戍守领地的城垣。"

关于人际关系的训练见《做一个调情高手》课。

◎服务意识

无微不至的服务是克敌制胜的法宝，销售员也是服务员，没有服务就没有市场。

钓鱼的秘诀

"钓鱼的秘诀是什么?"老师又开始发问了。

"要有好钓竿。"

"要搭窝子。"

"选好钓饵。"

"要有足够的耐心。"

"同学们回答得都对!有钓鱼高手总结出钓鱼四要诀:选好钓位,选准钓饵,备好钓具,练好钓技。"

1. 选好钓位是收获的关键。常在同一个水域,有的地方上鱼很快,有的地方很久咬一次钩,钓位不当是原因之一。选好钓位主要凭经验。鱼有鱼道,即其经常的游行路径,栖聚也有自己的习惯。一般来说,自然水域,如在水塘、河沟、湖泊、河流等地,应选择有水草、芦苇的地方下钩。或在树旁、歪树下、乱石、桥桩附近垂钓,这些是鱼儿常集聚的地方。人工挖掘的养鱼池一般为方形或长方形。通常说"长钓腰,方钓角,圆池钓中央",虽非绝对,但也是经验的总结。事实上,人工养鱼池喂料台附近是最易集结鱼群的地方,特别是喂料时间的前后,道理不言自明。

2. 选准钓饵。主要指所钓的鱼种最喜欢吃的食物。如鲫鱼之于蚯蚓、红虫,鲤鱼之于玉米面,草鱼之于芦苇芯和蚂蚱,梭鱼之于海蚕,罗非鱼之于小虾,等等。市场上现有科学配制的针对不同鱼类爱好的合成饵料也都很有效。最易上钩的饵料,莫过于所钓鱼塘经常喂鱼的饵料。用来浸透并以黏性较好的面食,常是鱼群最爱抢食的饵料。总之,垂钓之前一定要摸清所钓的鱼种与其习性。如果不清楚,可多带几种饵料,以备到时选用。

3. 备好钓具。钓具的准备也必须针对所钓场所与鱼种、大小精心选择。最好事先了解清楚。如无条件则应考虑多种可能,适当准备几种不同钓具。

4. 练好钓技。包括气候、风向、钓法、各种技巧,可多请教别人、多看书籍,但最根本的还是实践。

"钓鱼高手总结的这四点无疑是经验之谈,不过其中最关键的一点是要想钓到鱼,你首先必须知道鱼喜欢吃什么。"老师加重语气强调道。

胡大海从小在河边长大，经常跟父亲以及儿时的小伙伴去河边钓鱼，他觉得老师讲得非常正确。

　　所以胡大海忍不住站起来抢了老师的话头："我完全同意老师的说法，看来老师是真正的行家里手。"

　　胡大海学会运用"软垫子"技巧先肯定老师，再来回答问题。刘老师觉得孺子可教，后生可畏。

　　"选择鱼饵确实是钓鱼的重要环节，饵的好与不好，决定能否钓到大鱼。根据季节、地域的不同，鱼饵也大不一样。各季节变化，每池每塘鱼类捕食习性也有差异，如有水蚯蚓的池塘，鱼儿喜食面饵。"

　　"大海同学一定是出身钓鱼世家，说出来的话都是行话。"老师也给胡大海一个"软垫子"。

　　老师打开下一页PPT，屏幕上显示加粗的黑体标题：练就绝活四部曲——以李阳为例。

　　1. 拳不离手，曲不离口

　　为了防止自己半途而废，李阳约了学习最刻苦的一位同学每天中午一起去喊英语。在兰州大学的烈士亭，李阳和同学顶着凛冽的寒风，扯着嗓子喊英语句子。他俩从1987年冬一直喊到1988年春，就像影片中的报仇故事，苦练春夏秋冬，以雪国耻家仇。在那4个月里，李阳用高音喇叭播音似的方式复述了近十本原版英语读物。从宿舍到教室。从教室到食堂，嘴总是在不断地运动着。真正做到"夏练三伏，冬练三九"，才能收获胜利的果实。

　　2. 阶段胜利，建立自信

　　积小胜为大胜。人不是生来就自信的，自信心的建立需要通过一些小的胜利来逐步形成。4个月下来，舌头不再僵硬，耳朵不再失灵，反应不再迟钝。在英语四级考试中，李阳只用了50分钟就答完了试卷，并且成绩高居全校第二名（第一名半年后参加了李阳的口语培训班）。考试总不及格的李阳突然成为一个英语高手，这一消息轰动了兰州大学。李阳说："我的自信，也是花了多年时间慢慢摸索方法，渐渐建立起来的。"

　　3. 公开计划，大家监督

　　在大喊的时候，自己的性格开始发生改变，内向、自卑、害羞等人性的弱点在大喊的过程中被击碎了。这种方法在自己的身上已取得成功，何不把这套方法系统地总结、传授给其他还在英语学习误区中苦苦挣扎的同学呢？而且"你公开宣布要做一件什么事情。知道的人越多，你就越不可能放弃。"

4.乘胜追击，扩大战果

李阳把疯狂英语变成一种哲学。理想每个人都有，但是把它实现的人太少了，最后都是屈服于环境、屈服于个人弱点，大部分人是向自己的弱点投降了。"疯狂"就是百分之百投入！忘我、忘物、忘时！排除一切杂念，克服胆怯，树立信心！打破传统，突破极限，淋漓尽致地挑战自己的潜能！

"疯狂"就是表扬我时我清醒、批评我时我感激，把失望变为动力，把打击变为训练。崭露头角的"英语第一嘴"抽身下海，辞掉公职。因为他有一个梦想：让中国人说一口流利的英语——让中国之声响彻全世界。

"李阳能，我们也能！"老师带头喊起口号，"让我们以李阳为榜样，以忘我的疯狂状态投入到练就绝活的训练中，百炼成钢，打造属于自己的核心能力。彻底改变创业难的被动局面，不用自己劳心费力地去找工作，而是让工作要找你，真正让自己成为市场上的'抢手货'！"

鬼教授充满激情和斗志，内心强大的力量来自教育报国的理想——让1亿中国年轻人因我们而活得更精彩。

话音刚落，便赢得了全体同学热烈而经久不息的掌声。

大学生创业训练营
——创业能力训练项目

一、训练思想

秉承"选准母本、清楚目标、找出差距、需什么学什么、缺什么补什么，急用先学，立竿见影"的训练原则，依据创业战略，围绕市场终极效果，通过"模练、情景案例、影视、体验"的创新训练形式，进行态度、知识、技能与习惯的强化训练，以全面提升大学生的战斗力，为创造更好的创业前途打下坚实的基础。

二、训练观点

1. 有效的训练是一种高回报的人才投资。

2. 训练应注重实效性。通过短期的强化训练，应使学员在工作态度、工作能力、工作效率和工作方法上有所提高，训练结束后他们应能为企业做出更大的贡献。

3. 训练应以能力培养为目的。训练的目的不在于传授知识和理论，而在于提高工作的能力和效率，换言之，训练强调的是"应用"，而不是接受更多的"知识"。

4. 训练必须充分调动学员的主观能动性。因为训练是一个内化的过程，激发学员强烈的学习动机，变"我要他学"为"他想要学"，由被动消极的应付变为主动积极的参与。

5.教练职责不在于给学员提供现成答案，而在于帮助学员找到解决问题的方法。

6.训练方法必须能调动学员自我探索的积极性，才能产生最佳的训练效果。自我参与的原则是成人训练艺术的核心，由单向灌输变成双向沟通。

7.训练内容的设计必须与学员从事的工作特点和环境比较接近，才能激发他们的学习兴趣。

三、训练对象

在校大学生、中基层员工

四、训练目的

1.强化竞争意识

2.培养良好的心态

3.形成良好的创业习惯

4.掌握科学的工作方法

5.提高营销技能

五、训练方法

讲授

案例分析

小组讨论

角色扮演

业务对策

游戏

体验性操练

研讨法

看电影学销售

六、训练时间

每赛季时间为2天1晚（共16课时）。

七、训练赛季

本训练项目共分四个赛季，遵循创业能力的成长规律，学员可选择从第一赛季开始参加训练，逐级进阶，直至练就出自己的核心能力为止。